数字产业

解锁未来经济新引擎

许正中 蒋 震 康天姝 等著

·北 京·

图书在版编目（CIP）数据

数字产业：解锁未来经济新引擎／许正中等著. 北京：国家行政学院出版社，2024.11. --（"数字经济与高质量发展"丛书／孙世芳，许正中主编）.
ISBN 978-7-5150-2869-9

Ⅰ.F49

中国国家版本馆 CIP 数据核字第 2024Q5N418 号

书　　名	数字产业：解锁未来经济新引擎 SHUZI CHANYE：JIESUO WEILAI JINGJI XIN YINQING
作　　者	许正中　蒋　震　康天姝　等 著
统筹策划	王　莹
责任编辑	王　莹　孔令慧
责任校对	许海利
责任印制	吴　霞
出版发行	国家行政学院出版社 （北京市海淀区长春桥路 6 号　100089）
综 合 办	（010）68928887
发 行 部	（010）68928866
经　　销	新华书店
印　　刷	北京盛通印刷股份有限公司
版　　次	2024 年 11 月北京第 1 版
印　　次	2024 年 11 月北京第 1 次印刷
开　　本	170 毫米×240 毫米　16 开
印　　张	11.5
字　　数	124 千字
定　　价	45.00 元

本书如有印装问题，可联系调换，联系电话：（010）68929022

TOTAL ORDER ▶ 总序

当前和今后一个时期是我国以中国式现代化全面推进强国建设、民族复兴伟业的关键时期，高质量发展是全面建设社会主义现代化国家的首要任务。实现高质量发展就必须塑造发展新动能、新优势，加快发展数字经济是其核心内容。党的二十届三中全会明确指出，健全因地制宜发展新质生产力体制机制，健全促进实体经济和数字经济深度融合制度等，进一步为数字经济发展指明了方向。

随着新一轮科技革命和产业变革加速演进，我国经济社会各个方面正发生着"数字蝶变"。数字经济与实体经济深度融合不断改变着我们的生产生活方式，重组资源结构、重构经济社会发展格局，并从更深层次上推动"认知革命"。随着数字要素创造的价值在国民经济中所占的比重进一步扩大，数字经济成为世界经济增长新的动力源，也已成为我国经济高质量发展的强劲引擎。

数字产业化、产业数字化加快产业模式和经济组织形态变革，信息技术的快速迭代不断驱动优化产业生态，先进制造业集群发展壮大，呈现出制造业向高端化、智能化、绿色化发展的态势。数字经济不断催生平台消费新业态，在激活国内外消费市场、带动扩大就业等方面发挥了重要作用，也成为我国经济发展的新场景。数字化治理高效助推数字政府建设。近年来,我国政府以"互联网+政务服务"为抓手的数字化治理模式加快推进,数字政府成为提升治理能力现代化的重要方式。在区域经济中,数字城市极大改变了城市经济社会的方方面面,对城市空间带来革命性变革。

数据作为经济要素,为经济理论研究提出了崭新的研究课题,如何高效配置数据资源、培育全国一体化数据市场成为当前经济工作的一项重要任务。在数据驱动力不断提升的背景下,我们需要重新审视生产效率、生产要素配置乃至企业边界等经济话题,重构高效满足个性化、精细化、多样化的市场需求的数字底座。同时,数据产权、数据跨境、数据标准也成为需要深入研究的话题。

夯实数字基础,需要加快数字新基建的进程。只有提升数据海量储存、高速传输、安全保障等方面的能力,才能释放数字综合创新价值的乘数效应,为全面建成社会主义现代化强国奠定数字基础。

本丛书就是在数字经济发展日新月异的大背景下,为进一步提升全社会特别是广大基层干部及企业负责人群体的数字经济意识,不断增强数字经济的本领,组织专家撰写的一套数字经济理论通俗读本。本丛书重点围绕我国经济社会发展的大背景和数字经济发展的热点和前沿问题进行剖析,力求深入浅出,解疑释惑,服务于读者需求。

本丛书编写组

PREFACE ▶ 前言

在人类历史的漫长过程中，每一次技术革命和产业变革都深刻地重塑了我们的生产模式、产业结构、生活方式、伦理道德和社会结构。历史唯物主义认为，生产力是人类社会发展的"全部历史的基础。"[①]它是催生新质生产要素、衍生未来产业、壮大战略性新兴产业、装备传统产业的沃土，是锻造新型伦理人类的关键要素，是文明演进的决定性因素。从蒸汽机的诞生点燃工业革命之火到电的发明带来人类的光明时代，再到互联网的兴起开辟信息时代新纪元，每一次飞跃都标志着人类文明步入了新的阶段。如今，我们再次站到了数字技术革命的十字路口，数字文明未来已来，正全面衍生和装备各个产业，重塑经济、社会、文化、政治的方方面面。

产业是新质生产力发展的实践阵地、主要载体和战略支撑。数字技术的井喷式突破以及数字技术之间的相互赋能，加速了新质生产力衍生未来产业、壮大战略性新兴产业和装备传统产业。纵观世界技术和产业发展史，各次产业变革可被理解

---

① 《马克思恩格斯选集》第4卷，人民出版社1972年版，第321页。

为"技术—产业—经济—社会"范式的序贯变迁。其中每一次革命都标志着新一轮新质生产力的诞生，激发生产要素、生产方式、消费方式、流通方式、交换模式的深刻变革，引发产业变革，驱动社会效率跃迁，并对基础设施的性质和功能进行了根本性的重塑：第一次产业变革诞生于瓦特改良的蒸汽机，到詹姆斯·哈格里夫斯以其女儿珍妮命名的纺纱机规模化应用，肇始了机械化生产与能源转换方式的革新，诞生了物质形态的社会基础设施，即交通道路网络。第二次产业变革诞生于法拉第发现的电磁感应现象和西门子发明的发电机，开启了电气化和内燃机的普及，基础设施向多维网络化发展，出现了电力网、电报电话网。电力网和通信网的构建使能量与信息得以跨越更广的地域进行快速传输与交换，极大地提高了经济活动的效率与规模。第三次产业变革起源于包括冯·诺依曼体系结构的计算机、达特茅斯会议提出的人工智能，以及蒂姆·伯纳斯·李发明的万维网在内的多个关键技术的突破。计算机与互联网的突破推动了基础设施的立体交互化，形成"信息超级高速公路"，促进全球经济进一步一体化和知识经济的发展。第四次产业变革以生成式人工智能的规模化应用为重要标志，同时开启了万物互联的新时代，以云计算、物联网、大数据、人工智能、区块链、3D打印、高级机器人技术、量子计算等为特征，推动社会基础设施向灵动化迭代叠加演进。这一阶段的基础设施不仅实现了高度的数字化，还具备了自主优化和决策的能力，通过智能分析和响应机制实现资源的最优配置和供需双方的灵动配对。

数字产业不仅是一个充满活力的新兴产业领域，更是一个包罗万象的概念，覆盖了以数字技术为核心的各种产业形态。颠覆性的数字技术、生物技术、纳米技术（新材料技术）、量子技术联袂突破、相互赋能促进了生产要素的质变、创新组合与优化配置。革命性技术和创新性要素配置交织叠加，推动产业深度转型升级，变革产业形态，优化产业组织，重构产业体系，大幅提升全要素生产率，客观上表现为生产力质态的系统性跃升。

本书详细阐释了数字产业的内涵、特征、发展趋势，深入剖析数字产业体系的本质与内在规律及其对未来社会的深远影响。"和合融通"成为数字产业体系的本质特征，全世界需创建数字文明共同体，将开源共生、开放互惠、共享圆融、对等互利、全球运作、跨界融合作为数字产业的共同价值基础。

第一章详细梳理了数据要素作为关键生产要素的历史演变，分析了数字经济时代数据要素的特征，并探讨了数据要素价值化的形成与实现。数据不仅是数字经济的核心资源，更是推动产业创新和经济增长的关键动力。数据的价值化过程涵盖了从数据资源到数据资产、数据商品乃至数据资本的转变。这一过程不仅重塑了生产要素系统，也为数字经济的发展奠定了坚实的基础。

在数字产业化的构建过程中，我们见证了传统产业与数字技术的深度融合，以及新兴数字产业的创新与崛起。第二章详细阐述了数字产业化的构成要件，包括数字技术的创新突破、数据要素的质量管理等，这些都是推动数字产业化发展的重要支撑。

第三章对产业数字化的内涵、关键技术与基础设施进行了深入分析。从农业、制造业到服务业，数字化转型正成为传统产业升级的必由之路。通过电子商务、智慧农业、工业互联网等案例，展示了数字化如何为产业发展注入新动能。

第四章对平台经济基本内涵、推动作用机制及面临的挑战进行了全面解读。网络平台通过降低交易成本、提高资源配置效率、促进创新驱动发展等，为经济增长和社会稳定提供了有力支持。

在数字产业治理方面，第五章提出了治理新形态与新框架，强调了多元主体协同共治的重要性。数据确权、数据安全、新兴业态监管等问题是数字产业治理过程中需要重点关注和解决的课题。

放眼全球，数字产业治理的国际合作与交流日益频繁。中国在参与全球数字产业治理中展现出新担当，不仅推动高标准多边数字经济协定的签订，还积极参与制定全球数字产业治理规则，建立国际合作平台。

本书是对数字产业发展与治理的深刻洞察，也是对未来数字经济趋势的前瞻性思考，旨在为读者打开一扇全面观察当今世界数字产业花开遍地、果实累累的窗口，帮助读者深入理解数字产业的内在逻辑和核心价值，把握产业发展的脉络及数字转型的机遇和挑战，预测未来产业变革的方向，并为推动数字经济的高质量发展贡献智慧和力量。本书不仅适合经济学者、产业分析师、政策制定者和企业家等专业人士阅读，也可作为普通读者了解数字产业的读物。

目录

CONTENTS

第一章 数据要素价值化 / 001

　第一节　数据要素的概念内涵 / 002

　第二节　数据要素价值化的形成与实现 / 012

　第三节　数据共享推动数据要素价值的释放 / 022

　第四节　数据要素价值化的挑战与中国机遇 / 028

第二章 数字产业化 / 035

　第一节　什么是数字产业化 / 036

　第二节　数字产业化的构成要件 / 043

　第三节　数字产业化的发展现状 / 049

　第四节　数字产业化发展的路径优化 / 059

第三章 产业数字化 / 067

　第一节　产业数字化的内涵和现状 / 068

　第二节　农业数字化转型 / 076

　第三节　制造业数字化转型 / 083

　第四节　服务业数字化转型 / 094

第四章　**数字时代的平台经济** ／101

　　第一节　平台经济的基本内涵　／103

　　第二节　平台经济对经济的推动作用机制　／120

　　第三节　平台经济面临的挑战　／126

　　第四节　平台经济发展的战略路径　／130

第五章　**数字产业的治理** ／137

　　第一节　数字产业的治理新形态　／138

　　第二节　数字产业的治理新框架　／146

　　第三节　数据要素的治理新体系　／156

　　第四节　全球数字产业治理的中国新担当　／163

后记 ／170

第一章

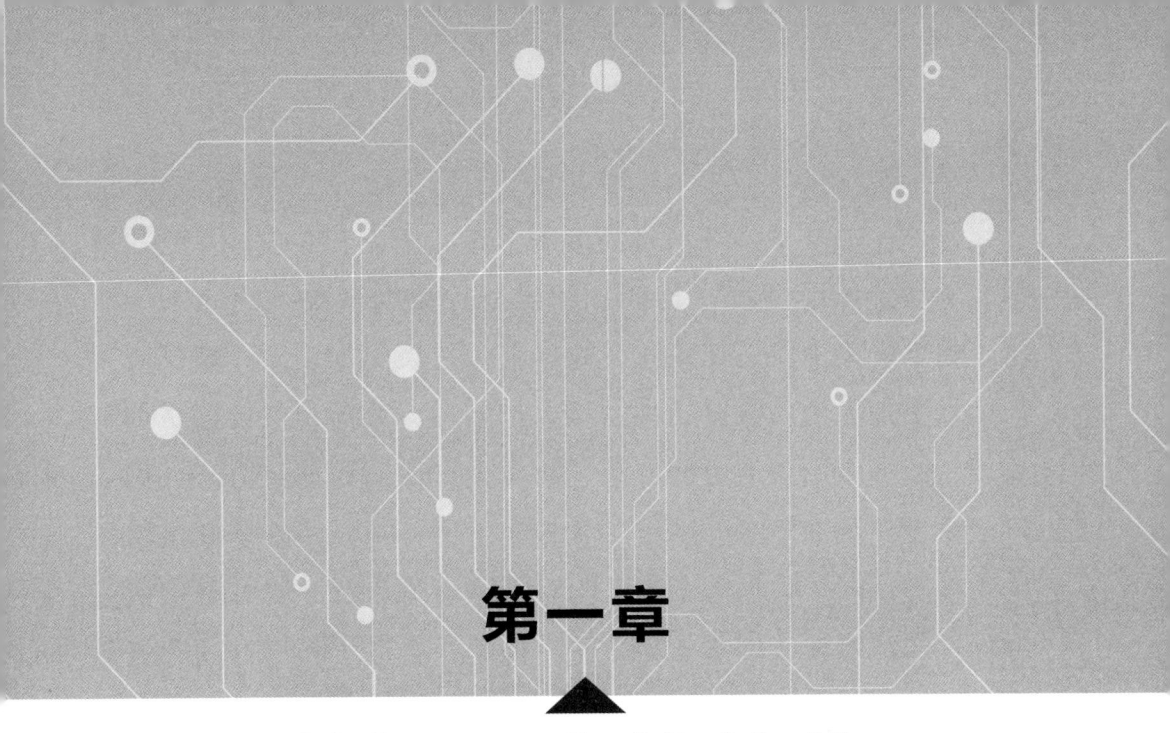

数据要素价值化

随着全球经济数字化的加快发展，数据来源渠道更加丰富，数据采集手段更加多元，数据平台建设更加迅猛，数据规模体量更加庞大，数据品种类型更加多样，数据利益价值更加重要，数据应用需求更加广泛，数据生产供给更加充分。人们逐渐认识到数据资源的基础性和战略价值，并开始给予其足够的重视与认同。数据逐渐被认为是一种新型生产要素，日益成为促进经济增长、创造劳动就业、推动社会进步和提升国际竞争力的重要战略资源。

第一节　数据要素的概念内涵

在2016年发布的《二十国集团数字经济发展与合作倡议》中，数字经济被定义为"以使用数字化的知识和信息作为关键生产要素、以现代信息网络作为重要载体、以信息通信技术的有效使用作为效率提升和经济结构优化的重要推动力的一系列经济活动"。目前，数字化转型正深刻地改变着生产、生活和治理的方式，这对全球的经济、政治及科技格局产生了重要影响。数字经济的核心在于利用先进的数字技术来挖掘数据的潜在价值，从而重新塑造数字时代的生产力与生产关系。数据成为至关重要的生产要素，算力成为关键生产力，而算法则定义了新的生产关系。

数据的定义有广义和狭义之分。在最新版的《牛津英语词典》中，数据被定义为"被用于形成决策或者发现新知的事实或信息"。根据国际标准化组织的定义，数据是对事实、概念或指令的一种特殊表达方式，用数据形式表现的信息能够更好地被用于交流、解释或处理。《现代汉语词典》（第7版）对于数据的解释是"进行各种统计、计算、科学研究或技术设计等所依赖的数值"。上述定义是广义的数据。而在数字经济时代，作为潜在新生产要素的狭义"数据"则专指被编码为二进制"0-1"字符串，以比特形式被计算机设备进行存储和处理的信息。[1]

一、关键生产要素的历史演变

在人类历史的发展进程中，随着技术的发展，依次经历了农业文明、工业文明和数字文明三个时代，不同的时代有着不同的关键生产要素。在农业文明时代，生产工具的使用不够发达，人类主要依靠劳动进行生产，这一时代的关键生产要素是劳动和土地。在工业文明时代，技术的发展发明制造了大量能够代替体力的机械设备，人类的生产工具有了较高水平的发展，这一时代的关键生产要素自然就变成资本。随着数字文明时代的到来以及数据采集、存储和处理技术的持续进步，数据逐渐转变为企业决策的新引擎、商品与服务交易的新焦点及社会管理的新工具。数据正成为驱动各行各业的关键生产要素。

作为一个与商品生产过程相联系的概念，生产要素的提法最早可追溯到著名经济学家威廉·配第（1662）"土地为财富

---

[1] 蔡跃洲、马文君：《数据要素对高质量发展影响与数据流动制约》，《数量经济技术经济研究》2021年第3期。

之母，而劳动则为财富之父和能动的要素"的表述。配第将财富创造的源泉理解为土地和劳动，其表述中已经暗含了生产要素的概念雏形。在1803年，萨伊在其著作《政治经济学概论》中突出了资本在生产活动中的核心地位。他归纳了商品生产的输入要素，主要包括劳动力、资本及土地这三个基本类别。萨伊认为，生产的价值源自这三种要素的相互作用与合作，尤其是可耕种的土地，尽管它并非唯一关键要素。除此之外，他认为没有其他元素能够创造或增加人类的财富。继萨伊之后，马歇尔在1890年的《经济学原理》一书中，对生产要素的概念进行了扩充，引入了组织（即企业家能力）作为第四个生产要素，与传统的劳动、资本和土地一起，形成了"生产要素四元论"。同时，马克思在《资本论》中亦研究了决定劳动生产力的诸多要素，并将其作为单独的生产力要素展开论述。马克思在《资本论》中阐明，劳动生产力受多种因素影响，包括工人的熟练程度、科学的进步及在工艺中的应用程度、社会生产过程的组织、生产资源的规模和效率，以及自然环境。马克思还指出，除了基本的劳动过程中的劳动本身、劳动对象和劳动资料之外，生产力的构成还应考虑到生产组织与管理、自然力量及科学技术的贡献，即包括适用于一切社会的"简单要素"和适应社会化大生产新发展的"新要素"。随着科技的发展，"新要素"不断涌现并改变原有的生产要素结构，最终引致生产方式和生产关系的变革。

从技术的发展与生产要素利用的关系看，人类文明进入工业经济时代以来，生产力的快速发展一直伴随着可利用生产要素的不断丰富。科技进步不仅提高了原材料的使用效率，也促进了新资源的开发与利用,这些新资源随后转化成实际生产力。具体来说,科技发展揭示了废物的潜在价值,尤其是化学科学的进步,使得原本无法使用的废物转变为有用的资源。在工业时代,技术进步使得地下资源如石油和可燃冰得以开采和使用,极大地推动了能源的广泛应用和生产力的增长。进入数字经济时代,大数据、云计算、人工智能等技术的发展和应用,使得之前无法捕获、识别或分离的信息能够被有效利用,转化为具有巨大潜力的数据资源。换言之,数字技术的进步为数据要素的形成和大规模应用提供了技术基础。具化到生产过程,数据要素成了数字经济时代生产过程的重要投入品。在数字技术引领的新技术范式下,数据作为一种信息和映射关系,被从原本无法采集和未被利用的信息中分离出来,并成为关键的投入要素,作用于生产过程的各个环节。

二、数字经济时代数据要素的特征

数据资源与传统资源相比具有显著的差异。总体而言,数据资源区别于其他生产资源的主要特征包括以下几个方面。

多元二重性。这是数据生产要素区别于传统生产要素的一项重要特征。它既有私人产品的属性,又有公共产品的属性;其使用过程又会增加数字轨迹和数量,具有非消耗性和增值性——既存在规模报酬递增现象也存在规模报酬递减现象,既具有正的外部性也具有负的外部性,数据生产要素的开发既是消费过程又是数据生产过程。数据要素并非典型的公共物品(政府部门公共数据除外),本应具备排他性。然而,生成过程的技术特点和比特这种特殊物理形态决定了数据要素具备非排他性特征或者说仅仅具有部分排他性。数据（信息）的产生往往牵涉到众多参与者，包括提供和需求产品的双方、第三方平台、网络电信服务提供者等，导致数据信息从产生的那一刻起就共存于多个不同持有者之间。同时掌握数据资源的不同主体，加上比特形式易于在互联网传播的物理特性，极大地增加了数据资源的扩散范围，形成了数据要素使用过程中的多元二重性的客观现状。

异质性，亦称作非均质性。同一比特的数据与另一比特的数据所蕴含的价值通常截然不同，几乎不可能仅凭企业或个人拥有的数据量来评估其价值或进行比较。

边际成本趋零。数据要素具备可重复使用的性质，能够被共享而不会降低其使用价值。同一数据集可以无限次地循环使用，其价值是可持续的，并且可以无成本地复制。一个用户对数据的使用不会影响到其他用户对该数据的可用性。相同的数据可以被多个企业或个人同时利用，增加的用户不会影响到其他已有用户对数据的利用效用。数据要素的价值可能随时间而波动，但不会因为正常使用而消耗殆尽，反而可能因新信息或关联性的增加而丰富数据的含义。这种特性使得数据能够在不同个体的使用中产生独特价值，成为挖掘数据价值的关键所在，从而最大化地发挥数据资源的高质量发展潜力。

边际收益递增性。数据规模的增加、种类丰富度的提升可以让数据要素的规模报酬不断提升（Jones and Tonetti，2020）。从企业的视角来看，数据资源可供所有员工共同使用，因此数据的规模越大、类型越丰富，就能产生更多的信息和知识，从而体现出规模报酬递增的特性。如果数据对于整个行业乃至经济体的参与者开放，数据规模扩大将带来更为可观的经济价值。

实际上，数据越用越值钱。一方面，数据能够自我衍生和自我增值；另一方面，其储存、复制、传播成本递减，形成边际收益递增的效应。数据的广泛应用、持续扩散以及数字产品和服务能力的不断增强，交互数据呈几何级数累积。特别是在万物互联时代，海量数据的广泛应用使数据应用与数据累积形成相互加强的机制。数据要素不仅能够在多种情境下由不同实体并行使用，而且在应用过程中其价值不但不会降低，反而可能增加。新产生的数据和其他来源数据的匹配进一步提升原有数据的价值。尤其是受摩尔定律作用影响，大数据及信息传输技术快速进步，数据存储、传输和处理的成本呈几何级数下降，比特化的数据复制几乎不存在成本。从技术进步的视角来看，数字经济的范型遵循的是边际收益递增的法则。在工业经济时代，普遍见到的是边际收益递减的现象，即在其他条件不变的情况下，某一要素投入超过一定阈值后，每增加单位该要素的投入，所获得的额外收益逐渐减少。这一规律在数字经济时代被打破，主要有两点原因。一是信息通信技术有利于降低边际成本。当生产一种产品时，信息复制手段和网络空间的存在，使对物质载体的投入和交通运输、有形磨损等价值损耗大大减少。一旦产品研发完成，随后的生产只需进行简单的大量复制，边际成本微乎其微，单位生产成本随着生产规模的扩大而降低。当生产多种产品时，智能化的生产设备可将产品按模块进行拆分和组装，提高了生产要素的复用率，从而降低了每种产品分摊的单位成本，满足了市场日益增多的多样化、个性化需求，增加了产出效益。二是信息通信技术具有网络外部性。根据梅特卡夫定律，网络收益随末端用户数量的增加呈平方级增长，即消费者数量越多，平台的附加价值也就越大，而现有消费者可以无偿享受产品的新增价值。社交网络、电子邮件、办公软件、聊天工具等数字产品都具有网络外部性，每增加一个用户的使用，都将扩大既有用户从该产品中得到的边际效用，刺激新的功能需求，提高经济收益。

部分排他性。公共数据是非排他的，但商业数据和机密数据具有排他性。掌握数据的企业和机构往往倾向于"隐藏"数据，而非共享它们。在现实中，大多数私营机构都不会随意公开自己产生、收集和拥有的各项数据，即使公开这些数据能够创造巨大的经济社会价值。以机器学习为例，机器学习产生的知识是公开的，而输入到机器学习算法的数据却是保密的——每一家企业都在收集自己的数据，形成训练集之后交由人工智能进行训练、学习。虽然有一些公司将自己的训练数据集公之于众以鼓励研发，然而大多数企业都将数据视为自己的一项核心竞争力而极少公开。数据要素可供他人使用而不会降低其价值。同一数据集能够同时供众多用户利用，而且不同个体的使用可以产生各异的价值。这个特征是挖掘数据价值的关键所在。通过数据的可共享性质，可以实现对数据资产价值的最大化利用。

权属分离性。传统工业经济主要注重供给和需求所形成的买卖市场，因此无论是生产资料还是产品，在交易的过程中大部分情况均是所有权和使用权合一的。当然，租赁市场的发展也为所有权和使用权的分离提供了一些场景。在数字经济的背景下，使用权与所有权的分离情形愈发普遍，主要体现在共享经济和零工经济这两个领域。

三、数据要素的主要载体：网络平台

生产要素不能单独存在，主要依附于各个时代基本的生产组织单位。在农业文明时代，劳动和土地主要依附于农户或家庭；工业文明时代，资本主要依附于工厂；而在数字文明时代，数据主要依托于网络平台。

2021年3月15日，中央财经委员会第九次会议强调，近年来我国平台经济快速发展，在经济社会发展全局中的地位和作用日益凸显。平台经济有利于提高全社会资源配置效率，推动技术和产业变革朝着信息化、数字化、智能化方向加速演进，有助于贯通国民经济循环各环节，也有利于提高国家治理的智能化、全域化、个性化、精细化水平。

当前，随着数字经济时代的到来，技术平台、交易平台、社交平台、信息服务平台和娱乐互动平台等各种网络平台将取代农业文明时代的农户和工业文明时代的工厂成为数字经济时代基本的生产组织单位。在工业文明时代，人们围绕生产产品进行资源配置组织方式的创新。在数字经济时代，人们将围绕交易进行资源配置方式的组织模式创新，交易的过程包括搜寻、匹配、议价、运输和结算等环节。运行优良的网络平台可以减少摩擦，帮助生产者、消费者及时发现和匹配好的东西。

网络平台是数字经济的基本组织形态，其崛起推动了数字经济的壮大发展，从而为数字产业化提供数字技术原动力。网络平台构成了多样化的数字生态系统，形成了一个连接供应方

和需求方的双边或多边市场。这些平台利用云计算、网络技术和终端设备等互联网基础设施，通过数字化的平台作为服务载体来实现网络协作。同时，运用人工智能和大数据技术进行智能预测和推荐，为供需双方提供交易配对、社交信息和其他数据服务。网络平台经济的特征包括网络协同作业、数据智能化处理、范围经济效应及规模经济效应。供需双方通过互联网平台在线互动和自主协作，催生了新的商业形态。

随着数字经济在实体经济中的应用逐渐加深，产业界正积极促进平台化和生态化的发展。平台企业加速壮大，全球市值最高的10家公司中，20年前没有一家平台企业，10年前仅有微软一家，2020年已有7家。苹果、谷歌、微软等平台企业的市值超过美孚石油、强生等老牌跨国企业（见表1-1）。

表1-1 全球最高市值前十公司（2000年、2010年和2020年）

2000年	2010年	2020年
微软	中国石油	苹果
通用电气	埃克森美孚	微软
NTT Docomo	微软	谷歌
思科	工商银行	沙特阿拉伯国家石油公司
沃尔玛	沃尔玛	亚马逊
英特尔	建设银行	脸书
日本电信电话公司	必和必拓	特斯拉
埃克森美孚	汇丰银行	台积电
朗讯	巴西国家石油	伯克希尔·哈撒韦
德国电信	苹果	腾讯

来源：谷歌财经网。

网络平台的四大功能包括：一是拓展用户。平台需吸引足够多的消费者和生产者，以形成活跃的双边市场。它要促使外部生产者加入生产库存，并吸引消费者来进行价值交换，不断扩大网络规模，挖掘潜在连接力量，打造流动性市场。二是灵动配对。平台通过高效匹配需求相对应的生产者和消费者来促进交易。高效的配对系统能增强网络效应，增加交易量，并转化为更高的价值和利润。这通常涉及利用数据来识别关键产品特征，并通过自动化算法、易用的搜索和发现功能来配对用户。三是制定规则和标准。平台需要设定方针，明确哪些行为是被允许和鼓励的，哪些是被禁止或不鼓励的，并管理用户行为。虽然用户众多，但通过制定规则和标准，用户可以自我管理，这对于维护大规模用户社区的秩序至关重要。四是提供核心交易工具和服务。平台通过降低交易成本和消除市场进入障碍，使得交易数据更有价值。它提供促进核心交易的工具和服务，这些工具是自助和去中心化的，用户无需平台持续参与即可使用。工具一般包含大量的技术和软件产品，它们将帮助用户创造价值并联系其他用户。服务的特点却是集中化，并且需要平台的持续参与。服务是影响消费者满意度的重要因素，一旦发生差错，平台提供的服务会给用户提供一个缓冲区。

不同的平台用不同的方式来实现这些功能，但是一个成功的平台必然要实现以上所有功能。这些功能好比基础设施，支持着网络，交易也因此更方便、有效。平台创造的网络既是开放和高度共享的，也受制于一定的管控。网络平台借助先进的数据分析技术，提供精准的预测服务，增进了供需匹配的效率。通过这些平台，用户能够获得更丰富的数据产品和服务，而这样的产品多样化通常总成本要低于单独生产每种产品的累计成本，这正是范围经济优势的体现。同时，网络平台吸引庞大用户基数，为供应商创造了个性化的规模效应，这不仅促进了网络效应的扩展，还实现了规模经济。作为生产力组织的新形式，网络平台已成为推动经济增长的新引擎。在未来，网络平台将取代工厂和农户成为数字经济的主要市场主体。

第二节　数据要素价值化的形成与实现

数据价值化是将数据视作一种资源的经济过程，它经过资产化和资本化阶段，最终达到价值的转化。这个过程重新塑造了生产要素系统，并构成了数字经济发展的基础。一方面，数据价值化推动了对传统生产要素如技术、资本、劳动力和土地的深刻变革及优化整合，为数字经济提供了强大的推进力。数据与传统生产要素的结合孕育了众多新现象，包括人工智能技术、金融科技资本、智能机器人劳动力及数字孪生地产等。这些新型生产要素在推动数字经济发展方面具有增强、叠加和指数增长的作用。另一方面，数据价值化直接推动了传统产业向数字化、联网化和智能化的转型。数据与传统产业的深度整合带来了显著的乘数效应，对经济发展显示出巨大的价值和潜力。

一、数据价值的形态演变

数据资源具有潜在价值，只有将数据与数据的采集、存储、处理、分析、应用等一系列劳动相结合，创造价值、实现价值并实现价值增值（倍增）才能充分发挥数据的作用。本书将数据形态演进的过程分为"数据资源—数据资产（产品）—数据商品—数据资本"四个环节。

数据资源化是将原始、无序的数据转化为有序、有价值的数据资源的过程。这个阶段涉及数据的采集、整理、聚合和分析等步骤，目的是生成可采集、可见、标准化、可交互和可信赖的高质量数据资源。数据资源化是挖掘数据价值的基础，其核心在于提高数据质量并创造使用价值。数据资产化涉及将数据转换为经济价值的过程，通常通过数据的流通和交易来完成。数据资源本身含有未被开发的潜在价值，它们是挖掘和实现数据价值的基础。在本质上，数据资源是静态的原始数据，需要经过采集、储存、处理和分析才能转化成动态且可用的形式。因此，数据资源的转化可以被视作一种"精炼"过程，即提高数据资源质量的活动。数据资源的潜在价值主要体现在两方面：一是数据传送的技术手段对生产效率的提升；二是数据与其他生产要素如劳动和资本结合，产生的倍增效应让数据成为价值创造的一个关键因素。

数据资产化是实现数据价值的关键步骤，其本质在于确立数据的交换价值，并初步实现其潜在价值。所谓数据资产，指的是企业拥有或控制的数据资源，这些资源预期能为企业带来经济收益。然而，并非所有数据资源都能成为数据资产，只有当它们具备可控性、可度量性和可变现性时，才能被转化为实际的数据资产。产品是企业资产的一部分，而本书主要研究数据价值形态的演变与数据的实际运行机制，为了实现数据形态与价值形态的有机统一，故将数据资产定义为狭义上数据参与生产而创造出的数据产品和服务。随着数字经济的发展，价值创造和价值实现的界限逐渐模糊，企业的价值创造不能局限于产品的制造环节，要向产品的研发、营销、营运等环节延伸。企业通过使用消费者数据，可以持续优化和升级产品研发、制造、营销和运营各个环节。这种做法能够实现精准研发、精准制造、精准营销和精准运营，为产品的整个生产流程提供赋能，从而创造数据的价值。

数据商品化涉及将数据产品转化为用于市场交换的数据商品。数据商品与数据产品的本质区别在于它们是否被用于市场上的交易。企业生产的数据商品具有使用价值和价值，只有当它们在市场上流通和交换时，其数据价值才得以实现。在交易过程中，交换价值基于商品的价值，并通过使用价值来体现，实现了不同使用价值之间的比例交换。在交换环节要充分挖掘数据的交换价值，并将交换价值无限放大，以攫取更多数据劳动带来的剩余价值。

数据资本化主要通过两种途径实现：数据信贷融资和数据证券化。数据信贷融资是指使用数据资产作为抵押来获取资金的融资方式，如通过数据质押来获得贷款。数据证券化则是一种以数据资产未来预期产生的现金流作为支付基础的融资过程，通过结构化设计来提升信用等级，并发行可以在市场上买卖的权利凭证。数据证券化的方式有很多，包括首次公开募股（IPO）、重组并购、数据资产支持的证券化（D-ABS）和数据资产支持票据（D-ABN）等。而数据资本化是扩展数据价值的途径，其核心在于实现数据资源的社会化配置。

数据商品向数据资本转变的关键在于市场上交换的数据商

品的价值是否被充分挖掘和放大，这导致对数据劳动者劳动成果的无限次重复使用，并产生价值增值，形成数据资本。这个过程类似于马克思所描述的商品到货币的转换，即数据价值实现向价值增值的跃迁。数据资本化是指数据商品在市场上流通和交换中实现价值，并在多种应用场景中得到利用以实现价值的倍增。这一过程也是数据商品向数据资本转化的"跳跃"。整体而言，从"数据资源—数据资产（产品）—数据商品—数据资本"的转变，也反映了"潜在价值—价值创造—价值实现—价值增值（倍增）"的价值形态演进过程。

二、数据价值形成的影响因素

数据质量程度不同，价值不同。训练集数据质量对预测准确度有决定性影响，高质量数据的正外部性使数据消费者和更广泛的生态系统受益。然而，错误的数据标签、不平衡的数据集等数据质量问题难以规模化识别，对数据模型、数据输出结果产生预测偏差；并且数据的低质量不仅弱化数据的经济价值、影响企业的内部决策，而且数据下游产生的复合性"数据级联"为数据利益相关者带来负外部性。尤其随着偏差的数据输出结果在具体场景的广泛应用，"数据级联"范围无限扩大、周期无限延长、迭代成本无限增加。

数据加工程度不同，价值不同。数据加工的核心是从杂乱无章的数据中提取有价值的信息，这个过程包括数据的收集、清洗、存储、分析和应用，旨在将非结构化的低价值数据转换为结构化的高价值数据。各类数据的结构、概念、口径、逻辑等不统一，容易造成数据秩序混乱、应用价值低下等问题。这就要求各类数据在加工处理环节建立通用的标准和语言，规范加工流程，构建统一开放的加工体系，实现数据的结构化、标准化、应用化、价值化。数据根据其加工程度可分为原始数据和增值数据。原始数据指的是未经过任何处理的数据集，这些数据往往是零散的，具有较低的价值密度。而增值数据是在原始数据的基础上经过进一步加工和整合形成的，它们通常具有更高的规模性和价值密度。例如，"数据—信息—知识—智慧"螺旋上升过程是从原始数据向增值数据逐层转变的过程，也是实现数据从量变向质变跨越的过程。

数据使用程度不同，价值不同。数据要素的非排他性意味着数据可以被多人同时使用。数据使用频度越高、使用广度越广、使用深度越深，形成的正反馈识别系统越精准，数据价值越大。（1）使用频度。数据呈指数型增长，智能学习系统输入的数据越多，训练数据越精准，机器学习能力越强，系统输出的结果越精准，数据价值越大。（2）使用广度。数据不仅在平台经济、共享经济、智能经济等新经济中使用，实现数字产业化；而且数据赋能企业的研发、制造、营销、营运诸环节，增强数据要素与实体经济深度融合，促进数字化转型，实现产业数字化。数据要素在"两化"中的使用，促进数据从"局部使用"向"全局使用"转变，实现数据使用广度和数据价值"双增"。（3）使用深度。数据密集型产品和服务不断向各个领域、环节、主体下沉，实现数据的四通八达。如在消费领域，企业可以使用消费者历史数据判断其消费层次，利用即时浏览数据判断消费偏好，形成未来消费数据的预测性趋势，即通过历史数据、即时数据、未来数据的"三维"数据的深度协同，实现精准营销、即时营销和超前营销，增加数据的预测价值。

数据连接程度不同，价值不同。数字基础设施连接是数据连接的基础，数据连接是发挥数据应用价值的重要保障。（1）数字基础设施之间的连接。从消费互联网、产业互联网、物联网、智联网到元宇宙，连接对象包括消费服务、生产制造，甚至万事万物。在数字设备广泛连接的过程中，利用嵌入式连接部件，强化产品与用户的连接和互动，为用户提供个性化、智能化、体验化的产品和服务。此外，强化产品与产品的连接和交互，扩大产品范围，优化产品功能，形成聚合多种产品、多种功能的数字平台，生成智能产品系统，提供智能生活解决方案。（2）数据之间的连接。数字基础设施连接过程中的产品和用户、产品和产品的智能互联实际是产品数据与用户数据、产品数据与产品数据之间的连接。数据连接程度越高，说明用户、产品、服务、内容之间交互程度越深、聚集程度越广、企业边界越模糊，数据的应用价值越高。例如，小米与理想智造ONE合作，利用智能语音助手打造语音交互场景，促进家和车的语音设备连接、数据连接、场景连接，实现同一数据的多场景应用，扩大数据应用边界，提升数据价值。

数据应用场景不同，价值不同。数据应用场景主要包括头部场景和尾部场景。头部场景即主要场景，企业收集、分析、利用头部数据，可以优化企业大部分的生产决策和交易决策。区别于头部场景，尾部场景更多关注的是边缘场景和个性场景，企业基于用户尾部行为，收集用户尾部数据，并根据尾部学习优化算法模型，促进头部场景数据和尾部场景数据的协同互补，提升数据全范围预测的精准度。在差异化的尾部场景中，长尾效应越强，长尾覆盖范围越广，收集的长尾数据越多，长尾学习效应越强，对边缘场景和个性场景的场景优化能力也越强（Iansiti，2021），数据质量、算法模型以及输出结果越能实现跨越式发展，进而实现数据价值阶梯跃迁，即长尾场景和长尾数据越多，数据的边际报酬越高，数据的价值随尾部场景缩放（王超贤等，2022）。

数据开放程度不同，价值不同。根据开放程度不同，数据开放可分为数据围墙和数据共享。(1) 数据围墙。数据围墙意味着数据仅限于企业内部使用，排斥外部主体使用，此时数据资源"私有"。数据围墙带来的"一次生产，一个主体使用"，在企业内部累积数据资产、优化业务流程、实现数据资源企业内配置效率最大化的同时，人为地增加了数据的排他性，严重阻碍外部主体使用数据。(2) 数据共享。数据共享意味着数据不再局限于企业内部使用，激励、包容更多外部主体使用。数据共享带来的"一次生产，多个主体使用"，在赋能企业内部业务流程的基础上，打破数据围墙和边界，实现数据端到端的互联、互通、共享，通过数据的市场化开放和流通，实现数据资源社会化配置效率最大化，增强了数据的非排他性。因此，数据开放程度不同带来的数据价值差异表现为：数据开放带来的数据资源的社会化配置效率最大化与数据围墙带来的数据资源的企业内配置效率最大化之差。

三、数据价值化的实现路径

激活数据要素的根本目标是通过多样化和创新的方式将其

投入生产，从而为经济社会创造更大的价值。为了充分发挥数据作为生产要素的价值，我们需要进一步分析和明确其作用机制。随着信息技术的发展和产业应用的演变，数据要素在生产中的价值释放可以概括为三个阶段。

第一次价值：数据支撑业务贯通。数据在投入生产的第一阶段的价值体现在支持企业和政府的业务系统运转，并实现业务间的连接。数据是通过各个业务系统的设计产生的，用以保障这些系统的正常运行。通过计算机对数据的读写操作，跨越了线下和线上的界限，实现了业务流程的初步标准化和自动化管理。在这个过程中，数据被集中生成、单一存储，并且形式相对简单。相应的治理工作主要围绕增删改查、数据对齐和合并等常规数据库管理活动，通常关注于局部业务领域的流程改进及相关业务数据的整合。尽管在这一阶段，数据尚未得到深度的整合和分析，且数据的开发利用并未受到广泛关注，但数据对业务运转的支持是数字化转型和提高内部管理效率的第一步。

例如，20世纪末谷歌公司成立后革新了数据存储与计算系统，得以处理当时整个互联网的数据，构建起精准高效的搜索引擎。基于庞大数据量和先进的排序算法，搜索业务创造了巨大的利润，这也巩固了谷歌作为行业领导者的地位。20年前，中国启动了具有代表性的电子政务建设项目，包括"两网、一站、四库、十二金"工程。这些年来，随着各级政府业务信息系统的建设和应用取得显著成效，通过数字化业务的方式，实现了数据在系统中的有效运转和互联互通。

为了推动数据价值的初步释放，企业和政府的主要工作焦点是实现业务流程的数字化和建设各种业务信息系统。在这一阶段，各组织持有的数据类型相对单一，计算需求简单，技术门槛不高，关键是深入挖掘业务需求并明确数字化转型的方向。例如，制造业企业通过建立订单数据管理系统可以实现物流、信息流和资金流的对齐和核验，这可以有效促进整个业务流程的有序进行。随着业务信息系统的建设，企业和政府能够实现数据的独立存储和统一管理，不断积累大量宝贵的业务数据，为进一步发掘数据作为生产要素的价值打下了重要基础。

第二次价值：数据推动数智决策。数据作为生产要素的第二次价值释放体现在通过数据的加工、分析及建模，能够揭示出更深层次的关系和规律。这使得在生产、经营、服务和治理等环节的决策变得更加智慧、智能和精准。在数据分析和人工智能等技术的辅助下，数据的自动化和智能化采集、传输、处理和操作构成了新的生产体系。这可以实现经营分析和决策的全局优化，使数据成为决定企业竞争力的关键因素。数据的第二次价值释放关键在于它提供了独特的观察视角，基于此可以构建出理解、预测甚至控制事物运行的新体系。这有助于摆脱经验的局限，更加及时有效地防范和解决风险，以及创新行动策略。

例如，在2012年，海尔公司利用成熟的技术工具栈，建立了针对业务管理和经营决策的完整数据链。这使得公司能够通过业务智能化来优化管理岗位的用工结构。各大银行也充分整合了中小企业的经营数据，以挖掘更准确的企业客户画像和信用评分。这些数据帮助银行决定中小企业贷款的风险评估结果，并为中小企业低成本融资提供可能性。这表明数据不仅能支持自身业务的分析和决策过程，还能优化传统生产要素的管理和配置，从而极大地增强这些传统要素的价值，并提高整体生产效率。数据驱动的智能化和自动化决策意味着能够以更少的资源投入创造更多的物质财富和服务，这有助于实现生产率的显著提升、产业链的优化和竞争力的彻底改造。

数据的第二次价值释放对企业的数据挖掘和分析能力提出了更高的要求。在整体趋势判断和业务执行方面，数据有助于减少人类认知的偏差和主观预设。一方面，决策者需要在管理和分析庞大数据集的同时，结合深入的业务目标理解，利用数据呈现的关键指标和信息来评估发展态势，并作出更加明智的决策。另一方面，第二次价值可以直接回馈到第一次价值中，企业需要充分利用数据分析的结果，寻找关键的功能、标签和用户画像，实现自动化的预测、分析和决策，从而使业务运转更加智能。

第三次价值：数据流通对外赋能。数据作为生产要素的第三次价值释放发生在将其流通至需求更高的领域，使来自不同源头的高质量数据能在新的商业需求和场景中得到整合和应用，从而实现双方或多方共赢的价值利用。随着政府和企业数字化转型的持续深入及智能化水平的不断提高，各种组织对数据的需求已经超出了自身产生的数据范围。政府希望各级各部门的数据能够实现对接和共享，以提高政务管理和公共服务的水平；企业则希望通过其他企业或政府部门的数据来丰富自己的数据分析能力。因此，产生了对数据流通的需求。对于数据提供者而言，数据的流通不会降低其保有的数据价值；相反，它可能将这些价值转化为实际收益，开辟新的业务增长机会，实现双赢甚至多方共赢的局面。

例如，通过来自市场监督管理部门的企业注册数据、来自法院的企业判决数据、来自银行的信用数据等精准描绘企业画像，或通过来自电网的用电数据、来自电商平台的消费数据、来自物流公司的物流数据等提供宏观经济的观察指标，社会经济活动中的各类事项均可被多方来源的数据赋能，数据流通的过程涉及将数据要素从一个场景转移到另一个场景，这可能产生巨大的市场规模，并使数据要素的价值在多元化的场景中持续释放。这样不仅能够显性化数据要素的业务价值、经济价值和社会价值，还能为数据要素市场的发展提供强劲的动力。通过数据的流通和共享，不同组织和行业可以相互赋能，提高整体的生产效率和创新能力，进一步推动数据经济的发展。

第三节　数据共享推动数据要素价值的释放

数据共享既是推动数字经济发展的关键支撑，也是实现产业链、价值链上下游企业协同发展的重要基础。本节将结合具体案例与实践现状围绕数据共享平台、应用程序接口（API）、隐私计算和数联网等方面简述数据共享如何推动数据要素的价值化。

一、数据共享的基本理念与共享平台建设

数据作为信息的一种表现形式，只有在流通和共享的过程

中，才能实现信息在各个市场主体之间的传递，才能实现数据对各个企业的赋能。因此，没有数据的流通与共享，各部门、各业务之间就会存在数据壁垒，就无法形成数据驱动效应。数据共享平台可以在严重缺乏信任的各竞争方之间架起桥梁，实现数据共享解决方案。在许多商业环境中，数据共享能为相关各方带来好处，如减少对欺诈或洗钱等金融犯罪的侦查、改善供应链管理、实现协同产品开发和设计，甚至扫清整个行业的发展阻碍，但由于存在利益冲突，如保护敏感的知识产权或市场地位，数据共享可能很难实现。在这种情况下，数据共享平台可以作为可信赖的第三方发挥重要作用，该平台可由公共部门或私营组织组建。在某些情况下，政府可以作为可信第三方构建数据共享平台。例如，我国的金融信用信息基础数据库实现了借贷数据的信息共享，提高了风险防范，有效促进了整个行业的健康发展。民间机构建立数据共享平台可能更为常见，主要由数据提供方组成联盟，通常依赖现有机构或创建新的数据平台开展业务。

二、API 接口和隐私计算是实现数据共享的主要方式

API 接口是软件系统不同组件之间的衔接约定。由于软件愈发庞大，往往需要将系统划分成各种小的单元组件，API 接口可以有效提高软件系统的整体稳定性。API 接口广泛应用于政府数据开放和企业数据交易。在政府数据共享方面，我国已建成多级数据系统，截至 2023 年，国家数据共享交换平台在线目录近 70 万个，发布共享接口 1000 余个，累计提供数据查询验证服务超过 40 亿次。在政府数据开放方面，到 2023 年，

我国已有超过 200 个地方政府构建并运营数据平台。在私营经济领域，大型互联网企业纷纷投资建立数据平台，旨在服务于大型互联网企业的发展战略，同时推出各类数据信息服务项目，不断开拓数据市场。

隐私计算技术可有效化解数据领域内的各类安全问题。多主体之间的安全数据共享过程需要合适、成熟的技术工具支持。数据安全和隐私保护是数据流通的前提，流通的数据可能会侵犯个人隐私或减损企业的商业秘密和知识产权。由于数据可以低成本复制，屡屡发生的数据泄露、越权、滥用事件加剧了人们的不信任感，各主体都有数据域外失控的担忧。因此，如何在保障数据可用性的同时，保护数据安全和隐私，成为数据流通的迫切需求。如何实现在原始数据可见的形态下保证流通数据不被复制、篡改，目前还没有可行的技术方案。数据脱敏技术可以低成本隐藏敏感信息，使加工后的数据无法识别特定自然人或秘密，无法恢复，进而将数据转化为具备安全流通的形态的数据内容。但是，这类技术会改变原有的数据形式，导致大量数据信息丢失，价值大打折扣。

隐私计算技术和产业逐渐走热，是当前处理数据分享问题的首要选择，通过对个人信息等敏感数据的加密保护和特殊通信、算法协议的设计，实现"原始数据不出域"，只提炼数据的关键价值，有效降低了数据分享后的失控可能。但是，尽管隐私计算技术正蓬勃发展，但其在性能、安全性、数据互操作性等方面仍存在挑战，较高的技术成本也让很多企业望而却步，这在一定程度上限制了隐私计算的推广和应用。从各个主体的技术应用情况来看，国内隐私计算产品在特定场景下基本可用，但面对更多的数据方、更大的数据量、更复杂的场景时，隐私计算需要很大计算成本，大多数企业难以承受，因此该技术还需继续优化和加强。

此外，安全合规挑战也会影响市场信任，任何数字技术产品都不是绝对安全的，算法协议安全和开发应用安全是隐私计算产品安全面临的两大挑战。隐私计算中的联邦学习技术路线虽然计算成本相对较低，但在向其他参与者传输梯度等中间因子的过程中，存在从梯度信息反向传播原始数据的可能性，致使原始数据存在泄露的可能性。安全的应用开发环境依赖可信硬件，而当前的主要硬件依赖于海外厂商提供，这对数据的安全性提出了更大的挑战。最后，由于隐私计算的底层技术和上层开发设计的多样性和复杂性，不同技术产品之间无法互认互通，可能会使"数据孤岛"变成"数据群岛"。现阶段，各技术厂商都在探索实现异构隐私计算的互操作性，但还没有完全成熟的案例。

三、数联网为数据共享提供全新方案

数联网是一种新型可信的数据流通和共享基础设施，依托"连接+算力+能力"构建覆盖接入、网络、流通、业务、运营、监管的端到端服务体系，形成新一代数据要素分享网络。该基础设施将为数据市场提供低成本且高效可信的交易环境，推动我国数据要素市场发展。数联网可覆盖广泛的区域，确保数据能够在不同地区之间自由流动，满足各种应用场景的需求。网络的安全性和可控性也将得到强化，通过严格的安全管理和控制措施，防止数据泄露和非法访问。同时，所有涉及数

据的操作将严格遵循相关法规，确保证书管理和操作过程全面合规。这些目标的实现，将为数字经济的发展提供坚实的基础，推动各行业的数字化转型和创新发展。

数联网中的数据接入层旨在确保来自不同行业的数据能够无缝接入并被有效管理，保障数据的安全性和可靠性。通过严格的数据控制措施，可以防止未经授权的访问和数据泄露，而权限控制则确保只有授权用户才能访问和操作特定数据，提升了数据管理的精细化程度。数联网的连接层则提供一站式应用服务，不仅支持广泛的数据传输需求，还能提供专门的计算网络功能，优化数据处理和传输效率。这种一站式的解决方案，简化了用户的操作流程，提升了数据流通的整体性能和可靠性。此外，专属算网功能的引入，还能够提供高性能的计算资源支持，满足大数据分析、人工智能等高计算需求的应用场景。通过数据接入层和连接层的紧密协作，整个数联网实现了数据的高效接入和安全管理，这样的设计为推动数字经济的发展、跨行业的数字化转型奠定了坚实的基础。数联网的流通加工层针对客户多层次数据流通需求，运营管理为客户提供数据流通业务的全流程运营服务，包括业务进度和状态跟踪、资源管理等服务；合规管理根据国家、地区、行业监管规范和要求，提供数据流通合规性审核、安全监控、服务监管等能力，确保服务可管可控。

作为一种新型数字基础设施和新型计算网络产品，数联网的目的是根据客户的特点和需求，充分发挥连接、计算、安全、合规等核心能力。根据自身特点，数联网主要应用于数字政府协同治理、交易机构数据交付、行业客户数据流通等场景。在数字政府协同治理方面，通过结合先进的数据治理技术和强大的互联网数据中心建设能力，避免数据泄露。即使在数据不离开原有领域的情况下，数联网也能够有效释放数据的价值。通过这些技术手段，不同政府部门能够在联合建模、统计分析等方面充分利用数据，满足多样化的业务需求。在严格保障数据安全和隐私的前提下，数联网实现了数据的安全、合规整合，并进一步提升了数据的价值。这种方式推动了政府数据的共建、共用和共享，促进了不同部门之间的协同工作。此外，通过优势互补和资源整合，数联网加速了政府数据赋能经济发展的进程，推动了数字政府应用的落地实施。具体而言，数联网不仅提升了数据处理的效率，还通过数据的深度挖掘和分析，助力政府在决策、管理和服务等各个方面的数字化转型。这种协同治理模式显著提高了政府运作的透明度和效率，为经济社会的发展提供了有力支撑。数联网通过双方约定的计算、传输、交互等方式，高效地实现数据交付。通过这种服务模式，数联网能够在数据交付过程中起到关键作用，确保数据提供方能够顺利、快速地将数据交付给需求方。整体而言，数联网在交易机构数据交付中的应用，为数据要素市场的发展提供了坚实的基础，进一步促进了数据交易的规范化和高效化。这一体系的建立推动了数据作为重要生产要素在经济发展中的广泛应用，助力各行业实现数字化转型和创新发展。数据交付后，交付结果将返回给交易机构，为交易的完成提供支持。对于行业客户数据的流通，数联网可以为金融、医疗、电商、物流等行业的数字化转型升级和数据要素的市场化发展提供基础保障和关键能力。

第四节　数据要素价值化的挑战与中国机遇

总体而言，我国数据要素价值化的探索还处于起步阶段，数据要素市场还存在诸多障碍，需要接续推进理论层面的研究和制度方面的设计，通过试点应用积累实践经验，探索破解各方面难题的办法。

一、权利归属难以界定，有待建立产权制度

数据所有权界定的情景和问题错综复杂，难以达成理论共识。数据所有权是培育数据要素市场的理论基础，主要关注数据产生主体的权利与义务关系，即数据产生的权利或利益应归谁享有。数据所有权问题之所以复杂，是因为传统生产要素客体明确且占有主体明确，传统产权制度设计通过评估、登记、监管等机制可以有效解决权利分割和纠纷仲裁问题。数据主体多元化、权利内容多样、场景丰富多变，加之数据与数据之间的高度关联性，使得数据权属的界定尤为复杂。在这样的背景下，需要新的要素理论和产权制度来解决数据的所有权问题。首先，明确数据产生主体的权利义务与归属关系。其次，应确立适应数据特点的产权制度，解决其可复制性等问题。通过评估、登记和监管等机制，有效管理数据权利的分割和纠纷仲裁。同时，还需考虑数据的多元主体和复杂场景，为数据权属界定提供灵活和动态的解决方案。

基于上述情况，我国需要形成符合国情的具有中国特色的

数据产权制度，《中共中央 国务院关于构建数据基础制度更好发挥数据要素作用的意见》提出了明确的指导方针，强调要探索建立分类分级的数据产权制度，推动公共数据、企业数据和个人数据授权使用的不同分类管理，探索数据产权结构化处置制度。考虑到数据类型、内容与流通方式多样性，我国需要根据具体实践经验来确立数据产权制度及其运行机制。首先，需要进一步细化数据分类标准，以便更好地探索数据分类授权使用的机制。其次，要结合实际场景，积极探索产权分离的有效运行机制，确保数据权益的合理分配和保护。最后，可以通过确权登记、制定合同范本等方式来推进数据确权的实践探索，从而建立起更加完善的数据产权制度。通过这些努力，将能够更好地应对数据权属障碍，推动中国特色的数据产权制度的逐步完善，为数据要素的有效运用和数据经济的健康发展提供更加坚实的制度保障。

二、数据定价机制不明晰，有待优化评估方法

虽然数据的估值和定价存在一定的内在联系，但它们的概念并非完全相同。数据估值是根据数据本身的特性进行价值评估，为价格发现提供参考基准，这一过程通常是相对静态的，侧重于对数据价值的理性评估和定量分析。相比之下，数据定价则是一种更为动态的行为，它关注的是在市场行为中讨论数据最终以何种价格交付。这种定价机制通常借助市场的价格发现功能进行竞价和匹配，以满足市场需求。因此，虽然数据的估值和定价密切相关，但在实际操作中需要分别考虑它们的不同特点和目的。

面对数据估值定价的挑战，需要结合数据要素的独特特点，不断探索科学的数据价值评估方法。同时，也应坚持市场决定价格的原则，积极探索基于底层模型的估值机制，以便更好地实现价格的发现和形成。在这一过程中，政府的监管和调控作用至关重要，政府可以制定政策来引导市场行为，确保数据的定价合理、公平与透明。政府还可以通过监管机构加强对数据交易市场的监督，防止不当行为和信息不对称现象的发生，从而维护市场秩序和数据交易的公平性。总之，面对数据估值定价的复杂性，需要政府、市场和社会各方共同努力，不断探索和完善适应时代发展需求的评估方法和机制，以促进数据要素市场的健康发展和数字经济的繁荣。

第一，在理论层面厘清数据价值评估。数据的价值是在具体的数据应用场景中显现出来的，因此可以将具体场景中数据经济价值的测算问题作为攻关重点。建立起货币方法与非货币方法相结合的数据价值评估框架将是至关重要的。在具体场景中，数据集和数据产品作为流通对象，往往有更明确的应用目标，影响数据价值的因素也能更清晰地区分开来。采用货币法计算数据的经济价值，同时，采用非货币法从数据自身的各种特征和特点出发，评估其实际效用。在此基础上，对货币法的结果进行修正，以提高估值的准确性。通过这样的综合方法，可以更全面地理解和评估数据的价值，从而更好地指导数据资源的合理配置和利用。这不仅有助于推动数据要素市场的健康发展，也将为数字经济的蓬勃发展提供有力的支持。

第二，开展数据评估定价的试点工作。在建立了数据价值评估指标体系和评估模型的基础上，应当积极培育专门的数据资产价值评估机构。这些机构可以率先在金融、通信、互联网等领域展开数据资产价值评估和数据资产入表的试点工作。同时，还需支持试点企业开展数据流通实践，根据数据评估结果形成市场认可的数据价格。在试点过程中，应不断完善数据资产价值评估指标体系，逐步纳入更多的数据评估定价典型场景，以此形成可供推广的数据评估定价示范案例。

第三，建立健全的数据要素价格监管体系，探索科学规范的数据定价监管模式。为了解决可能出现的价格歧视、价格严重偏离价值等问题，需要通过建设反不正当竞争、价格异动、风险预警等制度体系，对数据要素价格进行有效监管和合理规范。在短期内，由于数据交易市场活跃度和透明度的限制，可能会受到市场不完善的影响，难以形成有效的数据价格监管机制。在这种情况下，数据价格的确定仍将以供需双方的意愿为主导。然而，未来随着市场的成熟，可以根据基价、增值价值等要素建立科学统一的定价监管模型，这将为数据价格的监管和规范提供科学规范的支撑，并确保数据交易市场的公平竞争和健康发展。这一体系将有效地促进数据要素市场的规范化和稳健发展，为数字经济的繁荣提供可靠保障。

三、共享规则尚不完善，有待鼓励积极探索

目前，现行法律法规尚未完善，这导致市场主体在合规方面难以消除顾虑。法律是确保合规的底线。尽管《网络安全法》和《数据安全法》等现行法律针对数据的规范使用、隐私保护等问题作出了原则性规定，但对于数据流通市场的准入和监管并未给出明确的法律定义。在数据流通的立法体系尚未

完善、缺乏必要的监管机制的情况下，面对日益加强的监管趋势，各类主体在考量数据流通问题时，往往缺乏评估合规风险的依据，对其责任与义务的判断也没有稳定的预期，这给数据流通方案的实施带来了诸多顾虑。此外，激励各方参与数据流通的体制机制尚未完备，保障各方权益的共识尚未形成，这打击了各类主体的积极性。面对上述情况，我国应采取审慎宽容的政策态度，激励各类主体积极探索，加快研究制定监督管理和权益保护规则。具体而言，应该明确法律法规的底线，建立适应数据流通的监管框架，制定清晰的准入标准和监管措施。同时，政府应积极推动数据流通的试点项目，通过试点探索最佳实践，并逐步完善相关法律和政策。此外，应设立专门的合规指导和咨询机构，帮助市场主体理解和遵守法律法规，降低合规成本和风险。通过这些措施，可以逐步建立更加完善的数据要素流通体系，促进数据资源的有效利用和流通，推动数字经济的健康发展。这不仅有助于消除市场主体的顾虑，也将激发各方参与数据流通的积极性，推动数据市场的繁荣。

首先，需要建立容错免责的体制机制，并明确法律监管的红线。在研究和制定数据基础制度的过程中，必须首先明确法律法规的底线，划定合规监管的红线。建立容错免责的体制机制，意味着对于那些在数据流通发展过程中出现的一些偏离预期或无意之失的情况，能够给予一定的宽容和容忍。这种机制将为数据流通的参与主体提供稳定的预期，使其能够更加自信地进行探索和创新。其次，应对不同类型的行政许可和资质进行分类规范，以适应数据流通发展的需要。这意味着对数据流通参与主体的资质要求和准入门槛进行差异化管理。对于那些具有创新潜力和内生动力的主体，应给予更多的支持和便利。通过这种方式，可以进一步释放参与主体的创新活力，推动数据流通市场的健康发展。最后，还应加强对数据流通参与主体的指导和培训，帮助他们理解并遵守法律法规，降低合规风险。设立专门的合规咨询机构，可以提供针对性的合规支持和服务，帮助市场主体解决在数据流通过程中遇到的法律问题。总之，上述举措将为数据流通参与主体提供更好的发展环境和更大的创新空间，促进数字经济的蓬勃发展。通过这些措施，可以有效激励各方积极参与数据流通，共同推动数据资源的高效利用和流通，助力数字经济的快速成长。

四、共享技术仍未成熟，有待强化技术支撑

数据在多个主体之间的安全流通需要成熟且适当的技术工具支持。数据安全和隐私保护是数据流通的基础，因为流通中的数据可能涉及个人隐私，或减损企业的商业机密和知识产权。因此，确保数据在流通过程中保持可用性的同时，保护其安全和隐私，已成为亟待解决的需求。在这一背景下，需要探索和引入一系列成熟的技术工具，以确保数据的安全和隐私。这包括但不限于加密技术、访问控制、数据脱敏和数据分类等技术手段。同时，还应建立完善的安全管控体系，这些机制能够有效保护数据在流通中的安全，防止数据泄露、越权访问和其他潜在的安全威胁。此外，加强对数据流通过程中的风险识别和应对能力也至关重要，建立全面的数据安全审计和风险管理体系，可以帮助各主体在数据流通中保持高度的警觉和应对能力。同时，加强对数据流通过程中涉及的各种安全和隐私风险的监管和处置也是必不可少的。政府和行业监管机构应制定和实施严格的数据安全和隐私保护法规，确保数据流通过程中的各方都能遵守相关规定，保护数据主体的合法权益。通过这些措施，才能确保数据在流通过程中的安全性和可信度，从而进一步推动数字经济的健康发展。

  当前，我国尚未建立完整的数据流通技术体系，现有技术往往无法完全满足实际场景下的落地应用需求。虽然一些技术手段可以在低成本的情况下处理敏感信息，使加工后的数据无法识别特定的数据产出者，从而转化为可以安全流通的形态，但这些技术通常会改变原有数据的形式，导致大量数据信息的丢失，从而降低数据的价值。面对这一挑战，需要持续推动数据安全流通技术的研发和创新，以满足不同场景下的实际需求。此外，进一步优化数据脱敏等技术，提高数据在流通中的实用性和价值。加强技术标准和规范的制定也是至关重要的。通过制定统一的技术标准和规范，可以促进不同技术之间的协同配合和互操作性，确保数据流通在一个安全、高效的环境中进行。与此同时，还需要构建完备的数据安全管理机制，涵盖数据的采集、存储和加工等全部环节。通过实施全面的安全管理措施，可以有效防范数据泄露、篡改和未授权访问等风险。综上所述，只有通过持续的技术研发和创新，加强技术标准和规范的制定，建立完善的数据安全管理体系，才能更好地应对数据流通过程中的安全挑战，进一步推动数字经济的健康发展。

第二章

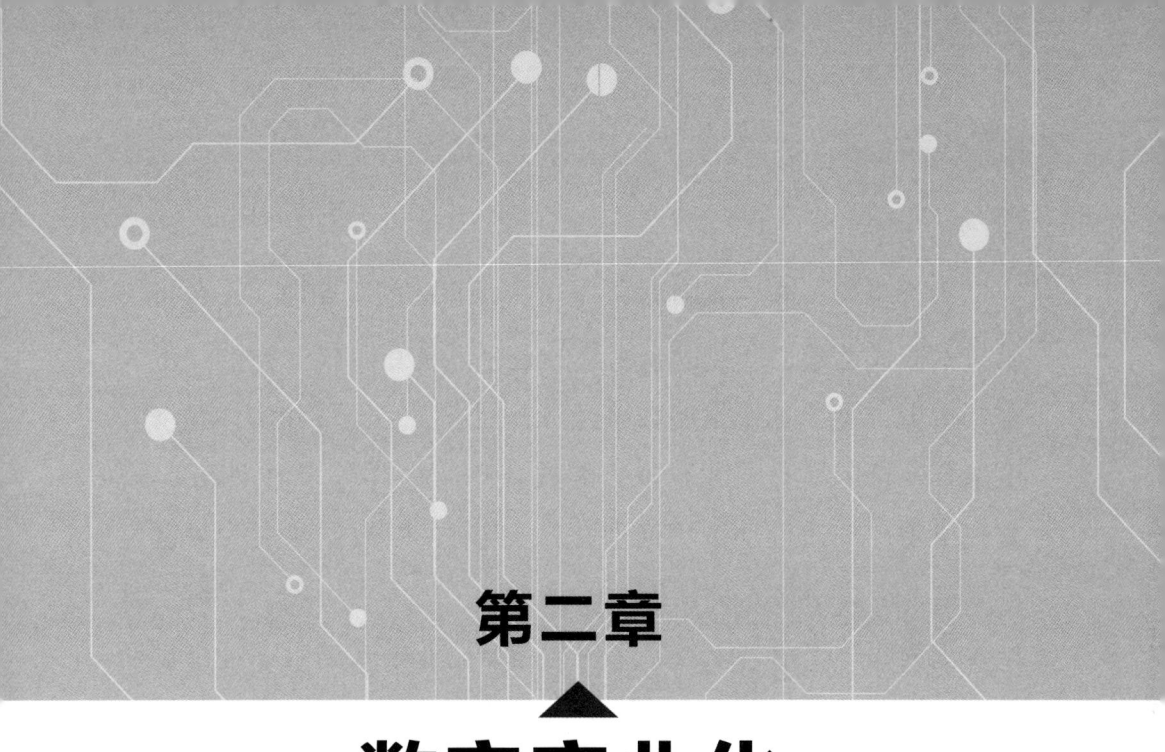

数字产业化

当今世界，新一轮科技革命和产业变革深入发展，全球进入了技术迭代迅速、产业创新密集的数字经济新时代。党的二十大报告指出，要"加快发展数字经济，促进数字经济和实体经济深度融合，打造具有国际竞争力的数字产业集群"。"十四五"规划提出要"加快推动数字产业化"。当前，以数据要素为关键生产要素，以数字技术创新催生的新质生产力为主引擎，以数字基础设施为底座支撑，以数字平台为新型商业模式的数字经济创新发展，推动了价值链、产业链、供应链等呈数字化、智能化加速演变。数字产业化作为建设现代化产业体系的核心产业，对推进数字经济高质量发展发挥着基础性和战略性作用。

第一节　什么是数字产业化

以科技创新赋能产业创新、以产业创新催生技术创新是推动经济高质量发展的客观规律和历史必然。数字产业化作为数字经济的主要内容之一，是数字技术创新发展的时代产物。深入了解数字产业化的概念、数字产业化的演进历程及数字产业化发展面临的新机遇，有助于建立对数字产业化的整体认知，为进一步分析数字产业化发展打下坚实的基础。

一、数字产业化的概念

目前关于数字产业化的概念界定，不论在国内外学术研究界还是在全球重要国家及国际组织的官方政策文件中，尚未形成统一的标准。

从国内来看，"数字产业化"这一表述最早出现在《中国数字经济发展白皮书（2017年）》中，并把它和"产业数字化"作为数字经济两大支柱产业。在数字经济研究领域，我国普遍接受并沿用了这一表述，并将其广泛应用于我国数字经济发展和产业结构的分析中。在《中国数字经济发展白皮书（2017年）》中，"数字产业化"所涵盖的行业类别相对较小，仅局限于电子信息制造业、通信业、软件和信息技术服务业、互联网及其服务业等四大传统信息技术行业，并未涉及新兴数字技术产业及其产业化应用行业。在2021年3月13日我国发布的"十四五"规划中，虽然未对"数字产业化"涉及的范围进行界定，但提出了一个新名词——数字经济核心产业。同年5月，国家统计局发布的《数字经济及其核心产业统计分类（2021）》，对数字经济产业的范围进行了划分，其中，数字产业化部分包括数字产品制造业、数字产品服务业、数字技术应用业和数字要素驱动业等四大数字经济核心产业。由此可见，我国对"数字产业化"所涵盖的产业范围在不断扩展，不仅包括传统信息技术产业，还包括与数据要素和新兴数字技术相关的产业，充分体现了数据要素、数字技术等在引领未来数字经济发展中的重要作用。

从国际来看，虽然国外没有明确使用过"数字产业化"这一表述，但对数字经济核心产业的界定、统计核算和发展水平度量指标体系等都进行了深入的研究。2014年经济合作与发展组织（OECD）出版的《衡量数字经济：一个新的视角》中，构建了一套包含4个一级指标和38个二级指标的较为全面的数字经济产业指标体系，分别从增长和就业、数字化基础设施投资、创新潜能和社会赋能四个维度来考察和衡量全球各个国家或地区的数字经济产业发展情况。2018年美国商务部经济分析局（BEA）为测算美国数字经济活动的整体规模，建立了数字经济卫星账户。随着数字技术创新和应用的不断深化，BEA对数字经济活动的测算范围也在不断扩展，除了包含"以数字化为主"的商品和服务外，还包括了"部分数字化"的商品和服务。根据2022年美国发布的《更新的数字经济测度》报告，当前对数字经济活动测算主要涉及四个领域，分别是电子商务、付费数字服务、政府数字服务和基础设施等。2019年，联合国贸易和发展会议（UNCTAD）发布的《2019年数字经济报告》也对数字经济进行了划分，包括核心或基础领域、数字和信息技术领域和广义的数字部门等。

随着科学技术的创新突破及前沿科学理论的发展，数字产业化的内涵和外延也将不断拓展。但"数字产业化"的核心和本质在于，激发"数字"创新活力，释放"数字"价值，推动"数字"产业化发展，而"数字"涉及数据要素、数字技术、数字基础设施及数字平台等多方面的内容。结合当前数字产业化的国内外研究现状和我国数字产业化发展的客观实践，我们认为，数字产业化应该包括传统信息技术和新兴数字技术等在内的所有数字信息技术应用业、数字产品制造和服务业、数据要素的应用和服务业及相关领域的新产业新业态新模式等。

二、数字产业化的演进过程

习近平总书记指出:"技术要发展,必须要使用。"[①] 科技革命是引发产业变革的前提和基础。从产业链视角来看,产业发展要经历 0 到 1 原始创新、1 到 100 高新技术产业的倍增及 100 到 10000 高新技术赋能传统产业升级等三个阶段。其中,0 到 1 原始创新及自主创新是现代化产业体系建设的立身之本。0 到 1 产业聚焦于创新的原始性、革命性和颠覆性的突破,致力于从前所未有的科学发现、技术发明、原理概念等创新链源头中获得,实现新知识、新技术向新产品,乃至新产业的创新发展,进而推动产业结构和经济结构变革。0 到 1 原始创新是产业发展的核心驱动力,是塑造新产业生态系统的开端。原始创新一旦成功,这些创新成果便会逐渐扩大规模,实现从 1 到 100 的高新技术产业倍增。同时,高新技术也会通过赋能传统产业,推动 100 到 10000 传统产业的不断升级。从产业链动态发展的过程不难看出,以数字技术的创新突破及广泛应用为前提的数字产业化涵盖了产业革命(0 到 1 产业)和产业衍生(1 到 100 产业)两个重要阶段。因此,为全面了解数字产业化,要以信息技术及数字技术的原始创新和突破为起点,从技术演进脉络中,深刻把握数字产业化的发展及演进历程。

第一,数字产业化缓慢起步阶段。20 世纪 40 年代,艾伦·麦席森·图灵在计算机科学领域的重大发现及冯·诺伊曼在计算机技术领域的发明创造,彻底打破了工业革命时代以物

[①] 习近平:《在网络安全和信息化工作座谈会上的讲话》,人民出版社 2016 年版,第 13 页。

质生产为核心的经济发展范式。随着计算机、通信技术、计算机网络等的迅速发展，越来越多的新兴技术逐渐实现产业化应用，计算机和电子产品制造、计算机软件系统设计与研发、信息和技术服务等信息化、数字化制造业及服务业如雨后春笋般不断兴起和发展。

第二，数字产业化快速发展阶段。20世纪80年代，由蒂姆·伯纳斯·李发明的万维网，打破了信息传播的地域和时间限制，改变了全球信息化的传统模式，人们可以随时随地获取和共享信息，迎来了一个信息交互万物互联的新时代。该阶段，互联网、移动互联网快速普及，逐渐发展为信息共享和交流的主要平台，数字媒体技术与互联网的融合，促进了数据的海量生产、交换和流动，使得信息的传播和获取更加便捷，推动了全球数据爆发增长、海量集聚。这一时期，电子商务、移动支付、云计算等新技术产业逐渐发展壮大，数字产业化呈规模化、高速化发展。

第三，数字产业化成熟发展阶段。进入21世纪，以5G、大数据、云计算、人工智能、区块链、物联网等为核心的数字技术实现创新突破，大数据中心、云计算中心、智能计算中心和工业互联网等数字基础设施不断建立和完善，为全球范围内各领域数据的大规模持续获取和收集、海量数据的实时高效处理和分析以及数据要素的转化和应用等提供了强有力的技术支撑。数据要素已然成为推动经济发展的关键生产要素和基础性、战略性资源。数据要素的广泛应用，数字技术的迭代、衍生和融合，数字基础设施的不断完善以及数字平台的创新发展，塑造了数字产业化多元发展的新局面。这些新兴数字技术不仅本身迅速发展为规模巨大的新兴产业，也带动了电子商务、社交网络、共享经济、数字内容等应用拓展领域新业态新模式的不断涌现，逐渐形成了以数字产品制造及服务、数字技术和数据要素应用等为主要形式的数字产业体系。数字产业体系能够不断促进资源配置效率以及生产效率的提升，推动数字产业高质量发展。

三、数字产业化发展面临的新机遇

数字产业化是数字经济的核心组成部分，是一个国家数字经济竞争力的根本体现。当前，推进数字产业化发展已经成为世界各国数字经济高质量发展的主要阵地，站在新的历史起点，我国要深刻认识、紧紧把握数字产业化发展带来的新机遇，以前瞻性、引领性推进数字产业化高质量发展，实现从跟随者向引领者的转变。

1. 万物数字化孕育出数字产业化发展的新元素

进入数字时代，人类的所有活动都能转化为数据形式并得以留存，"万物皆可数字化"使得数据成为重要的财富和资源。作为经济活动的新元素，数据具有新的特点。首先，在形态特征上，相较于传统"有形"的物质要素，数据的"无形"性，使其具备了可增长、可存储、可共享、可复制等突出的特点和优势。其次，在使用功能上，数据不仅可以作为一种独立要素实现价值化应用，还可以通过与传统要素的相互融合和渗透催生出新的要素组合形式、新的生产方式和组织模式等。此外，在价值赋能上，出现了新组合、新业态：以数据的处理、分析和挖掘为主的"新技术"，如云计算等；以数据交易、定价为主的"新资本"，如数字金融等；以数据流转、计算为主的"新劳动力"，如智能机器人、人工智能等；以数据积累、标准制定为主的"新土地"，如数字孪生等。这些新组合、新业态能够对经济发展产生放大、叠加和倍增效应。我国作为世界人口大国，在数据资源上本身具备天然优势，因此，要抓住发展机遇，充分释放数据要素价值，不断推进新产业和新业态的创新发展。

2. 万物互联扩展了数字产业化发展的多维空间

数字技术的创新发展，打破了传统生产的地理空间局限，形成了"万物连接"的新局面，实现了资源在全球范围内的重新组合和配置，形成了新的生产方式和产业组织形式，推动了国际分工的纵深发展。数字技术与社会经济活动的融合重构，催生出平台经济、分享经济、算法经济、服务经济、协同经济等多元化的新形态。特别是数字平台的创新发展，成为全球资源整合和优化配置、不同国家和地区产业组织连接和协同的重要载体，促进了价值的创造和聚集，提升了数字交易的服务效能，使经济结构的重心从物理世界逐渐向数字空间转移。因此，我国要充分发挥超大规模市场优势，积极推进数字平台建设，营造公平竞争的数字平台营商环境，激发平台经济活力，完善平台治理相关体系建设，推动数字产业繁荣发展。同时，要促进数字产业与工业、服务业、农业等传统产业的融合发展，打造新型消费形态，推进数字教育、数字医疗、自动驾驶等多元化、智能化生活场景的创新发展，拓宽数字消费新空间。

3. 数字创新生态系统成为全球数字产业竞争的新阵地

数字创新生态系统是由企业、市场等相互协同的主体及其环境构成的整体。它旨在通过不同主体之间及主体与环境之间的交流和互动，实现信息、资源、知识等的共享和利用，进而提升价值创造，推动产业的创新发展和进步。当前，数字技术的深度融合使得竞争模式从单独的企业竞争转变为产业链、供应链、生态链的竞争。这就要求客户、合作伙伴、供应商和制造商之间要建立一个有效的、长期的、互惠互利的合作伙伴关系，形成健全、可靠、高效的产业链供应链，以获得更大的市场份额和竞争优势，提升整体产业链供应链的韧性，实现全产业链的共同发展。

随着数字技术创新融合发展，数字创新生态系统已经成为当前全球竞争的重要阵地。从区域层面上看，数字创新生态系统不仅能够吸引众多数字创新主体的聚集和参与，还能够激发更多的创新活力，推动区域创新的发展。从产业层面上看，数字创新生态系统能够通过产业链上下游企业的有机融合，形成一个高效、协同的产业生态，极大地提升产业创新的整体效能。从企业层面上看，通过构建数字创新生态系统，企业可以更有效地整合资源，实现资源的优化配置，从而推动数字创新的发展，提升企业的核心竞争力。

第二节　数字产业化的构成要件

深刻把握数字产业化的构成要件，明确各构成要素对数字产业化发展的重要作用，对于提高我国数字产业化发展的质量，增强我国数字产业在全球产业创新和发展中的竞争优势具有重要的现实意义。

一、数字技术创新是赋能数字产业化发展的主引擎

2024年1月31日，习近平总书记在中共中央政治局第十一次集体学习中指出，新质生产力是创新起主导作用，摆脱传统经济增长方式、生产力发展路径，具有高科技、高效能、高质量特征，符合新发展理念的先进生产力质态。它由技术革命性突破、生产要素创新性配置、产业深度转型升级而催生，以劳动者、劳动资料、劳动对象及其优化组合的跃升为基本内涵，以全要素生产率大幅提升为核心标志，特点是创新，关键在质优，本质是先进生产力。习近平总书记还强调，科技创新能够催生新产业、新模式、新动能，是发展新质生产力的核心要素。

当前，数字技术的创新突破实现了生产力又一次新的质态飞跃，成为推动数字产业化发展的主引擎。数字技术兼具通用性技术和大型技术系统的特征，不仅能够通过自身迭代升级实现单一技术的产业化发展，还可以通过多技术相互融合以技术集群的形式，形成相互促进、相互赋能的"技术束"，进而催生新产业新业态新模式的创新发展。

第一，数字技术创新能够吸引资金投入，带动数字产业化规模不断壮大。5G、大数据、人工智能等数字技术本身作为一种高新技术产业，具有高附加值、高创新收益等的特征，能够广泛吸引资金的投入。投资规模的不断增加不仅能带动数字产业化规模的扩大，还能为数字技术的迭代升级提供有力支撑，进而进一步提升数字产业化的核心竞争力。

第二，数字技术创新能够优化资源配置，提高全要素生产

率。数字技术的创新，不仅带来了生产方式的革命性变革和生产力的质态突破，也提高了资源的整合、配置和利用效率，促进了数字产业生产、组织和管理效能的大幅提升，全方位地带动了全要素生产率的提高。

第三，数字技术具有的强大嵌入性和网络效应，能够形成上下游产业链的协同联动及多领域的融合发展。数字技术的融合创新能够提升数字产业链韧性，推动跨行业、跨地区的产业集聚和深入融合发展。

二、数据要素是数字产业化发展的关键要素

数据是数字时代重要的战略资源，数字产业化发展离不开数据这一关键要素，可以说，数据要素的开发和利用质量直接影响着数字产业的高质量发展。2019年党的十九届四中全会首次提出要将数据作为生产要素参与分配，充分肯定了数据在生产和价值创造中的突出作用。2020年中央发布《中共中央 国务院关于构建更加完善的要素市场化配置体制机制的意见》，将数据作为与土地、劳动力、资本、技术并列的生产要素。相较于物质生产要素，数据要素具有无限增长、无限供给、低边际成本或无边际成本等特征。数据能够成为关键生产要素的原因在于数据可以通过资源化、资产化、资本化等过程，来释放数据价值，实现价值增值，不断推动数字产业化发展。第一，数据资源化能够为数字产业化发展提供高效、可利用的数据资源。借助大数据、云计算、人工智能等数字技术，数字平台充分利用网络外部性，形成庞大的用户群体，借助强大的运算能力、储存能力和网络能力为支撑，实现超大规模数据的收集、

整合和分析，将无序的、碎片化的、低价值的原始数据进行筛选、转化，使其成为可利用的、结构化的、高价值的数据资源，从而实现数据的有效利用。第二，数据资产化为数字产业化发展提供了重要的无形资产。数据要素本身具有多元使用价值及在生产过程中较高的价值增值等特性，因此，可以将其视为一种无形资产。当前，数据资产已经成为影响数字产业化发展的核心资产。第三，数据资本化提高了数字产业化发展的效能。数据要素以资本的形式，通过与其他要素的融合，参与到生产及经营过程中，带动企业生产和运行模式的数字化、智能化升级，进而实现整体产业的转型升级和效能提升。

为充分释放数据要素潜能，实现数据价值的最大化，我们应从多个角度出发，制定全局规划，建立数据安全保障体系，不断提升数据质量，促进数据的有效转换和应用，推动数字产业的健康、可持续发展。

三、以数字基础设施为底层架构的新型基础设施体系是数字产业化发展的坚实底座

习近平总书记强调，要加快新型基础设施建设，加强战略布局，加快建设高速泛在、天地一体、云网融合、智能敏捷、绿色低碳、安全可控的智能化综合性数字信息基础设施，打通经济社会发展的信息"大动脉"。[①]

基础设施是由公共服务基础设施，以及与此相关的制度标准、组织机构等构成的一整套综合体系。当前，以数字基础设

---

① 《把握数字经济发展趋势和规律 推动我国数字经济健康发展》，《人民日报》2021年10月20日。

施为底层架构的新型基础设施体系不断建立和完善，成为经济社会高效运行和高质量发展的基础保障和重要支撑。相较于传统基础设施，新型基础设施是立足新发展理念，借助数字技术和信息网络的创新驱动，提供数字化转型、智能化升级、融合性创新等服务的综合基础设施体系。

新型基础设施的建立和完善，推动了数据、技术、资金、人才、物资等在更大范围的整合和流动，促进不同产业跨行业、跨地域的融合、交叉和渗透，深刻变革了传统产业原有的价值创造方式，提升了数字产业化发展的质量和效能。一是提供底层平台化支撑，通过构建全域覆盖的互联互通网络，提供泛在、智能、协同、高效的信息网络保障，实现更开放的跨区域跨行业数据共享，为不同市场和经济主体构建集资源、技术、服务为一体的融合性商业生态系统提供了平台支撑。二是创新驱动，新型基础设施本身是一组互联互通的技术束或集群网络，不仅可以实现其内部的动态迭代升级，还可以通过与新材料、新能源等科学技术的交叉融合，不断推进产业转型升级和产业体系的现代化发展。三是价值赋能，新型基础设施不仅能够为工业、农业、交通、能源、医疗等垂直行业注入强劲、高效的发展动能，还能够为政府等公共部门提供可靠的技术支撑，从而提高其公共服务的精准性和社会治理的有效性。

四、以数字平台为主的新型商业模式是数字产业化发展的重要载体

数字技术的应用能够发挥规模经济、网络外部性和供需匹配等方面的优势，使得企业经营模式发生了巨大的变革，以数字平台为主要组织形式的新型商业模式迅速崛起，衍生出全新的商业模式和盈利模式。数字平台能将生产厂家、服务商家、消费者等进行连接，实现多个市场主体和众多消费者的资源整合和优化配置，提高数字交易服务的效率。数字平台作为生产交换关系的枢纽，不仅提升了生产和服务的效率，也推动了数字化消费新业态新模式创新发展，实现了成果的共享，通过构建共生、共享、共赢的生态系统，推动着产业组织的网络化、平台化发展，为数字产业化发展注入了新的活力。

首先，数字平台作为典型的双边市场，改变了传统市场的交易模式，将产品交易由单一链条式变为多元网络式，打破了传统商业模式的地理位置的空间局限，降低了搜索成本、信息成本、管理成本等在内的交易成本，带动了资源流动的网络化，促进了生产要素、产品及商业资源跨区域流动，提升了要素和产品的配置效率及供应链管理能力，提升了价值创造的绩效水平。其次，数据平台具有强大的网络效应，随着数据的海量积累及网络连接范围的持续扩大，数字平台能够获取更多的用户需求信息，为用户提供精准的产品和服务，形成更完善的定价机制，提高供给和需求的匹配效率。最后，数字平台打破了传统的企业经营思维和经营策略，随着数字技术的创新发展，数据及用户需求在企业生产和经营中的作用越来越大，推动经济模式不断从"规模经济"向"范围经济"转换。因此，我国要不断推进数字平台建设，在数字平台研发的关键技术上不断创新突破，营造公平竞争的数字平台营商环境，激发平台经济活力，完善平台治理相关体系建设，推动数字产业繁荣发展。

第三节　数字产业化的发展现状

《"十四五"数字经济发展规划》指出,"到 2025 年,数字经济迈向全面扩展期,数字经济核心产业增加值占 GDP 比重达到 10%"。2022 年,我国数字产业化规模达到 9.2 万亿元,同比名义增长 10.3%,占 GDP 的比重为 7.6%,占数字经济比重为 18.3%。[①] 虽然,从目前来看,我国数字产业化占比不高,但却是推动我国经济高质量发展和提升产业国际竞争力的"牛鼻子"。因此,充分了解数字产业化的发展现状和现实机遇,对于加快推进数字产业化发展的整体布局具有重要作用。

一、传统信息技术产业稳中向好发展

传统信息技术产业是数字产业化发展的基础产业,主要包括电子信息制造业、通信业、互联网和相关服务业、软件和信息技术服务业等多个产业类型。

1. 电子信息制造业稳步增长

电子信息技术的创新发展,推动着电子信息制造业务的转型升级。当前,我国电子信息制造业涵盖了与电子信息产品、电子信息技术应用等相关的软硬件产业,涉及电子仪器与设备、电子元器件、集成电路、智能手机、家电类产品等多个制造领域。截至 2024 年第一季度,我国规模以上电子信息制造

---

① 参见中国信息通信研究院《中国数字经济发展研究报告(2023 年)》。

业营业收入为3.44万亿元，同比增长6.7%，生产和投资保持较快增长。其中，产出增加值同比增长13%，固定资产投资同比增长了14.3%。① 总体来看，我国电子信息制造业发展保持稳步增长。电子信息制造业是数字产业的核心和基础，也是未来国际竞争的重要产业之一。因此，我国继续深入实施产业基础再造和关键核心技术的创新攻关，补短板、强基础，不断增强电子信息制造业产业链供应链的韧性，实现电子信息制造业数字化、智能化、高端化发展。

2. 通信业新兴业务增势突出

从产业结构上来看，我国电信业既包括传统的信息通信业务，也包括以交互式网络电视（IPTV）、互联网数据中心、大数据、云计算、物联网等为主的新兴业务。当前，我国电信业总体保持稳中有升的发展趋势，截至2024年第一季度，我国电信业务收入为4437亿元，同比增长4.5%。其中，新兴业务收入为1174亿元，同比增长12.2%，占电信业务收入的比重为26.5%，拉动电信业务收入增长3个百分点。② 随着经济和社会生活数字化水平的不断提高，新兴业务在电信业中的比重将会继续上升，对电信业务收入的拉动作用也将不断增强。因此，电信运营商在保证基础电信业务稳步发展的同时，也要积极探索电信业数字化转型路径，充分发挥数字技术与新型基础

---

① 参见《2024年一季度电子信息制造业运行情况》，工业和信息化部网站，https://wap.miit.gov.cn/gxsj/tjfx/dzxx/art/2024/art_2c92e640b1cc4f0f8c6428e55ff8b607.html。

② 参见《2024年一季度通信业经济运行情况》，工业和信息化部网站，https://wap.miit.gov.cn/gxsj/tjfx/txy/art/2024/art_d41d35c3b0184373aa8bbe770646e425.html。

设施、用户需求、政府政策和企业创新等多个因素的深入融合，不断推进新兴业务的创新发展。

3. 软件和信息技术服务业成为战略支点

软件和信息技术服务产业（软件产业）的发展反映着我国新一代信息技术的创新和应用情况。软件产业的高质量发展为工业化和信息化的深度融合提供了重要技术支撑。

软件和信息技术服务业既包括计算机、通信网络等传统信息技术提供的基础信息服务业务，也包含5G、云计算、人工智能、区块链等新兴平台软件、行业应用软件等服务业务。我国软件和信息技术服务业保持良好的增长态势，截至2024年第一季度，我国软件和信息技术服务业的总收入为28020亿元，同比增长11.9%。其中，软件产品收入6833亿元，同比增长9.4%，占行业总体比重的24.4%；信息技术服务收入18412亿元，同比增长12.9%，占比为65.7%。[1] 从产业结构上来看，当前我国信息技术服务业增长较快，对全产业的拉动作用显著，特别是云计算、大数据服务、集成电路、电子商务平台技术服务等相关产业越来越成为信息技术服务的优势产业。为此，我们要深刻认识到软件和信息技术服务产业蓬勃发展的重要性和紧迫感，加快相关产业的战略布局，不断提升软件产业的创新活力和国际竞争力。

4. 互联网和相关服务业不断优化升级

随着互联网的广泛应用和普及，互联网及其相关服务已经

---

[1] 参见《2024年一季度软件业经济运行情况》，工业和信息化部网站，https://wap.miit.gov.cn/gxsj/tjfx/rjy/art/2024/art_538ab4b885b744dbb50812e10fdae694.html。

渗透到人们生产生活的方方面面，推动了我国互联网及其相关服务业的广泛发展。互联网及其相关服务业不仅涉及基础网络服务和应用网络服务，也涉及信息服务、生活服务和网络销售服务等互联网业务，可以说，互联网和其相关服务业已经成为数字经济时代满足人们物质文化需要的重要途径。截至2024年第一季度，我国互联网业务收入为3840亿元，同比增长8.4%，分领域来看，网络销售领域、生活服务领域的互联网业务收入增长相对较快，而信息服务领域增长相对较慢。[1] 未来，随着我国互联网基础设施不断完善，以及互联网与新一代信息技术相互融合应用的不断深入，我国互联网业务的新业态新模式将会不断涌现，从而带来该产业内部结构的不断优化升级。

二、新兴数字产业创新融合发展

"十四五"规划在"加快推动数字产业化"部分指出，要"培育壮大人工智能、大数据、区块链、云计算、网络安全等新兴数字产业，提升通信设备、核心电子元器件、关键软件等产业水平"。新兴数字产业作为我国数字产业化的核心产业，其特点和优势在于，不仅其本身可以作为独立的产业形态实现迭代升级，还可以通过不同技术之间相互嵌入、相互赋能实现融合发展。

在5G产业及其相关应用领域，当前，我国5G技术的商用

---

[1] 参见《2024年一季度互联网和相关服务业运行情况》，工业和信息化部网站，https://wap.miit.gov.cn/gxsj/tjfx/hlw/art/2024/art_c6fcb9d9c9ce4a509dc5d4ff017597ba.html。

化应用实现纵深发展，规模化水平不断提升，对经济和社会发展的赋能作用也进一步增强。据估算，到2023年，5G产业将带动经济总产出达6万亿元以上，其中，直接带动1.86万亿元，间接带动4.24万亿元，分别同比增长了29%和22%。①此外，5G产业与其他行业和领域融合的深度和广度也在不断提升。根据工信部数据显示，截至2023年，5G技术的应用范围已经渗透到我国国民经济67个大类之中。② 5G产业及应用的不断发展，释放了数字消费的潜能、变革了数智化生产新模式，激发了新兴业态萌芽发展，推动社会治理精准化发展，对经济发展起到了放大、叠加、倍增的作用。

在云计算产业及其相关应用领域，我国云计算市场正处在快速发展阶段，预计到2025年，我国云计算市场规模将突破万亿。③ 当前，我国阿里云、腾讯云和华为云三家企业在全球云计算市场份额占比中均处在前列。这表明，从全球来看，我国云计算产业的国际竞争力在不断增强，发展潜力巨大、前景广阔。未来，我国要继续抓住发展机遇，从前瞻性技术、应用能力、生态运化等多维度加速云计算的整体布局，释放发展潜力，实现跨越式发展。

在大数据产业及其相关应用领域，我国大数据产业整体水平不断提升。我国数据总产量位居世界第二，全球占比超过10%，在大数据产业发展上具备天然的优势。当前，我国大数据产业总体规模不断扩大，产业结构不断优化，形成了以数据

---

① 参见中国信息通信研究院《中国5G发展和经济社会白皮书（2023年）》。
② 参见中国信息通信研究院《中国5G发展和经济社会白皮书（2023年）》。
③ 参见中国信息通信研究院《中国云计算白皮书（2023）》。

存储与计算、管理、流通、应用、安全为核心的五大发展领域。据统计，2022年我国大数据产业规模达1.57万亿元，同比增长了18%。① 未来，我国大数据产业将聚焦五大核心领域，充分利用发展的有利条件，制定科学的宏观发展规划，加强对大数据产业的精细化管控，在提升数据价值的同时，构建起坚实、可靠的大数据安全保障体系。

在人工智能产业及其相关应用领域，人工智能技术的颠覆式创新给经济社会带来了深刻变革。当前，我国人工智能企业数量不断增加，截至2023年三季度，我国人工智能企业数量为4469家，位居世界第二，占全球比重的15%。此外，我国人工智能大模型也呈现爆发式增长，百度的"文心一言"、阿里巴巴的"通义千问"、华为的"盘古"等大模型产品不断涌现，并赋能多行业应用，构建起"大模型+行业应用"的多层次多场景生态体系。未来，随着人工智能技术的商业化和产业化进程的飞速发展，人工智能产业及应用行业将会为数字产业化创新发展注入不竭动力，并成为引领未来经济发展的战略性支柱产业。

在区块链产业及其相关应用领域，从全球区块链产业发展来看，截至2023年底，我国区块链企业共有2802家，占全球比重的27%，处于国际领先水平。② 从全球区块链产业影响力来看，在2023年福布斯公布的全球区块链50强企业榜单中，我国的蚂蚁集团、百度、建设银行、工商银行、腾讯、微重银

---

① 参见《数字中国发展报告（2022年）》。
② 参见中国信息通信研究院《区块链白皮书（2023年）》。

行6家企业位列其中。① 这些数据充分表明，当前我国区块链企业发展具备一定的国际竞争优势。此外，我国区块链应用也正在向千百行业逐步拓展，已在通信、金融、制造、能源等领域落地。区块链技术产业发展有利于数字原生经济体系的构建，对贯彻新发展理念，构建新发展格局，推动高质量发展具有重要作用。因此，要持续推进区块链基础设施的全局谋划，不断加强区块链产业协作，优化完善区块链监管体系，拓展数字经济的新空间。

与此同时，在物联网、工业互联网、虚拟现实与增强现实产业及其相关应用领域，我国各项技术也在不断实现创新突破，各技术之间的融合和赋能也在不断深化，推动了新兴数字产业的整体发展水平的不断提升。

三、数字产业化发展的现实挑战

虽然我国的数字产业化取得了显著的发展成就，但与发达国家相比，我国在关键核心技术创新、高附加值产业发展等方面仍有很大的提质空间。因此，要立足我国数字产业化发展的客观实际，坚持问题导向，深入剖析当前我国数字产业化发展的现实挑战，对推进未来数字化产业高质量发展具有重要现实意义。

1. 关键数字核心技术有待突破

虽然我国多项数字技术发展处于国际领先水平，但在一些核心技术和关键领域如高端芯片、基础算法、工业软件等方

---

① 参见中国信息通信研究院《区块链白皮书（2023年）》。

面，仍然存在较大的短板，并在一定程度上制约了我国数字产业化的高质量发展。第一，在主体培育方面，我国在核心数字技术核心领域具备较强国际竞争力的头部企业数量较少，且在技术标准和规则制定上国际话语权不强、参与度不高，集群效应不明显。第二，在头部企业创新方面，在世界500强企业中，占据价值链高端的本土创新领军企业较少，整体创新实力有待进一步提升。第三，在标准制定方面，人工智能、物联网、新能源等重点领域标准仍受制于国外，国际标准制定仍未形成话语权。

我国在数字关键核心技术上的短板，突出反映了我国在数字技术创新能力和研发能力等方面仍存在较大的进步空间。造成该问题的原因有以下几个方面：一是数字技术的基础研究薄弱，缺乏原创性重大创新成果。二是关键核心技术领域的创新人才缺口巨大，人才引进机制和激励机制不健全，自主人才培养体系不完善。三是数字技术创新体系尚未健全，产学研深度融合有待进一步加强。四是核心技术创新的资金投入不足。由于关键核心数字技术的研发成本高，研发周期长，对该领域进行投资的风险大且回报率低，缺乏有效的投资激励，难以形成长期、充足的资金支持，从而阻碍了技术研发的进程。

2. 数据要素赋能数字产业化的效能有待提升

随着数字产业化的发展，数据要素的重要性越来越突出。但是，当前我国数据要素的管理体系不健全，数据要素市场建设不完善等问题依然存在，很大程度上阻碍了数据要素的供给和交易，影响了数字产业化中数字要素价值的释放。

首先，在数据要素管理方面。影响数据要素管理效能的因素有以下几个方面：一是缺乏统一的数据价值度量标准，企业不能有效地感知数据的价值，使得数据质量难以从源头把控。二是企业缺乏业务发展与数据管理相互协调和促进的系统组织架构体系，导致企业的信息化、数字化管理难以嵌入和应用到企业生产和经营之中，阻碍了数据管理效能的发挥。三是数据管理人才缺失，数据管理是新兴领域，需要具备管理能力、技术能力和业务能力的复合型人才，目前我国数据管理人才储备不足，人才缺口较大，数据管理后劲不足，成为制约数据质量提升的关键。

其次，在数据要素市场建设方面。我国数据要素市场面临的主要问题体现在：第一，数据交易机构缺乏系统性行业指导规划，在发展和功能定位上界线不清，出现同质化竞争现象，加之数据交易市场的分割化，使得其数据交易机构优势难以发挥，进而阻碍了数据要素交易和流通。第二，数据本身的非竞争性，给数据产权界定和数据定价带来了较大的困难，较高的交易成本使得数据供应商缺乏数据供给的动力。第三，缺乏以客户需求为导向的数据交易模式创新，数据需求的多层次性和多元性使得单一的数据交易无法满足客户需求，导致数据供需不匹配。第四，数据交易机构的规制和监管不完善，不同省份不同行业的规则不统一，监管多头、执法边界不明、标准不统一等问题突出，影响了要素市场中数据的交易和流通。第五，隐私计算等数据交易和流通的关键技术应用尚不成熟，数据安全保障有待进一步加强。这些问题反映出我国数据要素市场建设的基础还不扎实，导致各交易主体的经济活动效率低下，制约了数字产业化的进一步发展。

3. 新型基础设施建设有待优化

虽然我国新型基础设施建设的总量不断增加，但新型基础设施的赋能效应、融合效应及空间布局都有待进一步完善。首先，在数字基础设施建设上，我国的数字基础设施在数字信息收集、传输、挖掘和利用方面的效率依然不高，不能满足不同企业对数据的个性化需求，在一定程度上降低了其对企业发展的技术赋能效应。其次，在融合性基础设施建设上，新型基础设施与传统基础设施的有效融合仍处于技术探索阶段，创新应用、深度融合的能力仍然不强，使得其对产业发展和生产效能提升的支撑力度受到限制。最后，在新型基础设施的空间布局上，我国新型数字基础设施的区域分布不平衡，东部地区的新型基础设施相对完备，数字化创新技术的吸收、应用和转化能力更强，数字化创新技术对产业增值的赋能作用更强，而中西部地区发展相对较弱，因而进一步扩大了产业发展的区域差距，不利于数字产业整体布局的优化，阻碍了数字产业的区域协调发展。

4. 数字治理体系有待完善

数字科技的创新发展如一把"双刃剑"，在促进数字产业化高质量发展的同时，也给经济社会发展带来了很多潜在的风险。而数字治理体系相对滞后，监管不健全，在一定程度上制约了数字产业化的健康发展。首先，在数字技术与数据安全相关的法律法规建设方面，与发达国家相比，我国在数字技术领域缺乏系统性、全局性的法律法规及制度保障体系建设，对新兴数字技术在应用上存在的潜在风险、数据要素使用过程中的隐私保护等缺乏有效的应对方案，容易引发技术侵权、数据泄露等风险。其次，在数字平台的监管方面，对数字平台垄断行为监管不到位，数字治理相对滞后，破坏了良性竞争的市场营商环境。巨头数字平台凭借其极强的规模经济效应，以及用户在使用过程中形成的路径依赖，积累了海量的行业数据信息，进而形成行业垄断，破坏了良性的市场竞争秩序和环境。例如，阿里巴巴和美团滥用其市场支配地位，实施的"二选一"垄断行为等，严重损害了平台内经营企业的经济利益，阻碍了数字平台健康发展。

第四节　数字产业化发展的路径优化

立足数字产业化发展面临的诸多挑战，从系统性、整体性、全局性出发，以发展新质生产力、建设现代化产业体系为目标，探寻数字产业化发展的优化路径，实现以高质量发展推动中国式现代化。

一、推动数字技术创新突破，激发数字产业化潜能

数字技术是数字产业化发展的核心，推动关键数字技术创新突破，是实现我国数字产业化高质量发展的关键。为推动关键核心数字技术的创新突破，可以从以下几方面精准施策：首先，要积极推动企业与科研院所之间的合作，共同开展在高端芯片、基础软件、人工智能算法等领域的实践探索和一体化研发，实现我国在关键核心数字技术领域的颠覆性突破。其次，

要加大对数字技术领域人才的教育和研发投入。不仅要构建起一套能够满足高端人才需求的激励机制，吸引和留住了更多优秀人才，打造出一支具备国际领先水平的专家和人才队伍；还要不断优化本国自主创新人才的培养机制，营造良好的创新人才成长环境，形成长效、可靠的人才后备军。最后，要不断完善产学研相互协同的技术创新体系，科学设计有效的激励相容机制，实现创新成果与利益的合理分配，促进产学研深度融合。

二、加强数据要素质量管理，提升数字产业化发展效能

科学有效的数据管理不仅能够为企业提供丰富且高质量的数据，还能保障数据要素的自由流动，提高企业对数据资源的利用效率，充分释放数据要素的价值。因此，各领域企业都高度重视数据管理，不断加强对数据管理的统筹规划，增强数据管理的效能，提高数据供给的质量。

为提升数据要素的管理质量和效能，应从三个方面发力。一是要加强对数据从采集到应用的全生命周期管理，深入推进数据标准体系的构建，充分保障数据要素的可视化、可访问性、可操作性、可分析性和可应用性，实现数据要素的高质量供给。二是要结合不同领域、不同企业对数据的多样化应用需求，推动专业化、个性化、可持续的数据资源供给服务，从而有效地激活数据的价值。三是要加强企业和政府相关部门在数据质量管理方面的体制机制建设，不断完善数据质量管理的政策法规，构建完备的数据质量治理的制度体系，推动公共数据资源的一致性和共享性，释放数据价值潜能。

三、培育规范数据要素市场，提高数字产业化资源配置效率

完备的市场运行机制是保证数据要素市场发挥资源配置作用的关键。完善、规范的数据要素市场能够充分保障数据要素的自由流动，提高核心数字产业的资源配置效率。因此，要结合当前我国数据要素市场的发展现状，在积极构建场内交易市场的同时，探索场内场外交易相结合的模式，通过制定统一的市场标准，规范市场参与主体、平台等的交易行为，以促进数据要素的市场化流动。

第一，坚持数据权属，严控数据滥用。数据确权是数据交易的前提和基础。从数据全链条来看，数据权属涉及数据的所有权、持有权、使用权、收益分配权等权利的归属问题，只有明确数据不同权利的归属者，才能保障数据交易有效、合规、合法地进行。第二，加强数据精准化透明化监管，保障数据共享的可控性。对经营性数据交易，数据要素市场要对同质企业的竞争、数据供需双方的交易等进行精准化监管，保障数据交易健康、有序进行；对非经营性数据，要积极推进该类型数据的规范化采集和有效共享，提高数据要素市场监管的透明度，保障数据隐私保护和数据安全。第三，推进国家高水平数据交易平台建设。要制定完善、有效的数据要素交易机制，充分发挥市场交易对数据要素的优化配置，提高数据要素对数字产业化的贡献率。此外，还要建立公平、合理的数据要素收益分配制度，充分发挥收益分配的激励作用，保障数据价值及其应用价值创造者的收益。

四、弥合"数字鸿沟",促进数字产业化协调发展

在我国,数字资源禀赋差异造成的经济鸿沟,是导致不同地区之间产生数字鸿沟的本质原因。为弥合数字鸿沟,促进数字产业化协同发展,要从区域整体布局出发进行科学系统谋划。第一,合理布局不同地区的数字产业结构。要以"东数西算""数字一体化""数字普惠"等不同区域之间的数字化合作工程为载体,通过横向数字产业的空间梯度建设和纵向数字产业链的优化,重构数字产业化的区域分工体系,打造不同区域数字产业网链化新格局。第二,合理布局不同地区的数字基础设施。从国家战略发展层面,加强政府对数字基础设施建设的空间布局和统筹规划,加大对数字资源禀赋弱的地区的政策性倾斜力度,通过欠发达地区数字新基建基础设施建设,带动该地区数字产业化发展,缩小不同区域间的数字鸿沟。第三,引导数据要素、人才、资源等在不同区域间的合理流动,优化配置资源配置结构,形成合理的数字产业化分布格局,塑造良好的数字产业化发展生态环境。

五、打造良好的数字营商生态,推动数字产业化有序健康发展

良好的营商环境是推动数字产业化有序健康发展的前提和基础。因此,要根据数字平台发展的特性,积极协调和平衡数字平台在规模扩张、利益获取与市场均衡之间的关系,维持市场竞争活力,保障公平交易,让各类市场主体共享新业态优势,使平台优势惠及数字产业化发展的各个行业。第一,制定

平台行为的合理性标准。结合我国平台企业具体的商业实践，对平台企业的行为和市场秩序进行规范，制定出一套切实可行的行为标准，为平台企业提供明确边界，对判定平台行为的合理性提供支持，从而减少平台企业的经营负担，营造良好的数字营商生态。第二，保护中小平台创新发展的空间，吸引更多优质平台加入市场竞争，拓宽营销渠道，使供求两侧都能得到优化，保障享受数字经济红利。第三，加强《反垄断法》和其他法律法规之间的协同配合，充分保障多方参与者的合法权益。将《反垄断法》与其他相关法律法规相结合，能够更好地识别和评价数字平台的违法违规活动，使平台参与者的利益得到充分保障，以良好的数字平台生态保障数字产业化健康、稳定、可持续发展。第四，建立有效的平台事前评估机制。平台行为具有较强的外部性，涉及环节较多、范围较大。因此，要强化对平台企业相关行为的事前审查，建立有效的平台事前评估机制，降低不正当竞争行为的发生率。

六、完善政策体系建设，提供数字产业化制度保障

数字技术催生的新产业、新业态和新模式构成了数字产业化发展的重要组成部分，但这些不断成长和发展的新产业、新业态和新模式往往存在很大的不确定性和不可知性，如何发挥市场和政府之间的协同配合，成为影响这些新兴产业和业态发展的至关重要的因素。从政府的角度，对这些新产业、新业态和新模式的发展，应抱以一种开放、包容的态度，给予新兴事物发展和容错的空间，通过营造充满创新活力，公平竞争的市场环境，推动新兴业态健康、高质量发展，同时政府要发挥兜底作用，以包容审慎的监管为原则，在维护新兴数字产业快速健康发展的同时，守住安全底线，确保不发生系统性风险。

第一，市场和政府要相互协调、相互配合，保障发展与监管的平衡。加强政策支持、完善监管规范，以包容性监管的原则建立有效的长期机制，加强数据安全和治理。第二，构建多方协同治理模式。通过政府、企业和社会三者之间协同配合，构建多方协同联动的治理模式，充分发挥政府引导、行业自律和社会监督的优势互补作用，切实保障数字产业化发展依法合规。第三，建立有效的算法监管和治理体系。确保数字产业化安全健康发展，不仅要靠具体的法律法规对经济行为进行监管，还要建立起一套科学有效的以算法为核心的数字经济监管制度体系，积极探索用算法管算法的监管模式，确保数字产业化安全发展。

七、构建全球协作系统，打造数字产业化国际优势

数字经济全球化发展已经成为必然趋势。数据要素的跨境流动及数字技术的广泛应用，拓展了全球市场，促进了国际分工协作，推动了全球价值链产业链的深入发展，形成了共商共建共享的全球协作系统。因此，为了更好地推进数字产业化发展，我们应该抓住机遇，加强国际合作，积极探索新的跨境合作模式。第一，加强数字贸易平台建设，稳步推进数字贸易示范区建设。要积极打造具有国际影响力的数字贸易平台和贸易示范区，培养良好的数字贸易发展生态，广泛吸引全球贸易主体的加入，进而发挥数字平台的网络外部性优势。第二，大力培育数字贸易新业态新模式。加强贸易全链条数字化赋能，发

挥数字贸易龙头企业的创新优势，积极探索数据要素、数字技术、数字产品和服务等的多元贸易形式，广泛开展与其他国家和地区数字产业化的深度合作。第三，加快数字贸易基础设施建设，为数字产业融入全球贸易发展提供强有力的基础支撑。第四，积极参与相关数字贸易国际规则的制定和构建，提高我国在国际竞争中的话语权，为数字产业的国际治理提供中国方案。

第三章

产业数字化

数字化浪潮蓬勃发展，以人工智能、区块链和边缘计算为代表的新兴数字技术加速迭代，人类已进入万物互联的数字文明新时代。本章以产业数字化为主线，分别介绍在世界数字经济浪潮中，新一代数字技术赋能包括农业、制造业和服务业在内的传统产业与发展现状。

第一节　产业数字化的内涵和现状

一、产业数字化的内涵

传统产业内主体通过在多个生产环节和应用场景下使用数字技术，增强其生产效能和产品竞争力，这便是产业数字化。该过程也为新兴产业的发展提供了新的机遇和空间，形成了新一轮的经济增长点。

党和国家高度重视产业数字化转型。习近平总书记在全国网络安全和信息化工作会议上指出，要推动产业数字化，利用互联网新技术新应用对传统产业进行全方位、全角度、全链条的改造，提高全要素生产率，释放数字对经济发展的放大、叠加、倍增作用。[1] 我国在顶层设计中不断强化数字化转型的地位。"十四五"规划提出，要"充分发挥海量数据和丰富应用

---

[1]《敏锐抓住信息化发展历史机遇　自主创新推进网络强国建设》，《人民日报》2018年4月22日。

场景优势，促进数字技术与实体经济深度融合，赋能传统产业转型升级，催生新产业新业态新模式，壮大经济发展新引擎"。

新一代数字技术的集中涌现与加速迭代使数字化业务在我国产业结构中的地位日渐凸显，数字经济规模逐年扩大，产业数字化更是数字经济的基本盘与压舱石。根据中国信息通信研究院对数字经济的测算，2022年我国数字经济规模达到50.2万亿元，数字经济占GDP比重达到41.5%，相当于第二产业占国民经济的比重（39.9%），数字经济作为国民经济的重要支柱的地位更加凸显。同时，互联网、大数据、人工智能等数字技术赋能作用更加突出，与实体经济融合走深向实。2022年，产业数字化规模为41万亿元，同比名义增长10.3%，占GDP比重为33.9%，占数字经济比重为81.7%。[①]

当前，各类组织和机构对于产业数字化转型的定义大致相同却各有侧重。例如，中国信通院认为，产业数字化是传统产业应用数字技术所带来的产出增加和效率提升部分，包括但不限于工业互联网、智能制造、车联网、平台经济等融合型新产业新模式新业态。[②] 经济合作与发展组织把数字化转型定义为数码化及数字化产生的经济和社会的效应。其中，数码化是指把模拟数据及过程转化为机器可读的模式，而数字化则指数字技术及数据的运用、结合产生新的活动或对已有活动的改进。尽管各主体对于产业数字化的定义解释有所不同，但其本质可归纳为传统产业利用新一代数字技术实现其产业运行中各环节

[①] 中国信息通信研究院：《中国数字经济发展研究报告（2023年）》，第10页。

[②] 中国信息通信研究院：《全球数字经济白皮书（2022年）》，第1页。

的全面数字化转型。①

综观传统行业的数字化转型历程，可总结产业数字化具有如下内涵。

第一，生产工具与数字技术的结合。传统产业实现数字化转型的关键是全面应用以 5G 通信、区块链、大数据等为代表的数字技术，随着数字基础设施的不断完善，数字技术正加速变革生产工具，提升生产工具的科技性。

第二，数据成为生产要素。作为数字化转型过程中的关键生产要素，数据能够改善资源配置，提升产出效率，科学经营决策，推动创新发展，从而形成产业新业态新模式。

第三，提升供求匹配的信息网络。以云计算、人工智能、物联网等数字技术形成的信息网络正逐渐成为市场纽带，将供求信息精准高效地传递到生产与消费两端，优化了市场对产品和生产要素的配置。同时，信息网络颠覆了以产品驱动的商业模式，位于生产端的企业可以通过信息网络直接触及消费端，消费者的需求和消费体验可以更完整直接地反馈给企业，推动企业及时调整产品内容和生产规模，实现生产商、中间商和消费者之间的信息互联互通。

第四，大规模协同发展的产业数字生态。企业应用区块链等数字技术赋能原有的供应链体系，形成数字供应链。一方面满足供应链管理的需求，准确掌握商品动态，减少信息的不对称性，优化生产运营和管理；另一方面打破传统的封闭运营模式，满足联盟企业之间的利益，形成开放共享的产业数字生

---

① 经济合作与发展组织：《科技与创新的数字化：关键发展与政策》，第 22 页。

态，为产业大规模协同发展提供技术支撑，进而促进跨地区、跨产业之间的协同发展。

二、产业数字化的关键技术与基础设施

产业数字化中的关键技术与数字基础设施包括 5G 通信技术、物联网、云计算、大数据分析和人工智能。通过对数字技术的应用，企业可实现对其运行各环节的实时监测与管理，从而进行智能化的科学生产决策等，提高生产效率、竞争力及客户满意度。

1. 5G 通信技术

5G 的中文全称是"第五代移动通信技术"，与 4G 等前几代移动通信技术相比，5G 具有更快的传输速度，在连续广域覆盖和高移动性使用场景下均可实现大数据的传输需要。同时，5G 大幅缩小了时滞，可满足自动驾驶对通信时滞的要求，更低的延时也确保了大量影像资料可以被及时传输，从而可以进行远程手术等精细操作。

2. 云计算

云计算为企业提供了具有高可用性且富有弹性的算力资源。云计算企业拥有物理机器，利用互联网为用户提供所需的算力服务，提供可扩展的计算能力和存储空间，为用户实现数字资源的有效管理和分享。例如，在零售业中，企业可以利用云计算技术构建电子商务平台，实现商品信息的在线展示和交易。

3. 物联网

物联网是利用网络将包括各类设备、机器等在内的实体物

质相互连接，实现互通信息和集中控制管理的技术。企业利用物联网实现对生产等环节的实时监测，从而优化管理模式。例如，在制造业中，物联网技术可以实现设备故障的预测和预防，从而避免生产中断和损失。

4. 大数据分析

大数据分析通过收集、存储、处理和分析大规模数据，为企业提供有价值的见解和决策支持。其技术重点并不在其掌握信息的多少，而是对具有意义的数据进行科学处理分析。在零售业中，企业可用该技术了解消费者偏好，制定包括商品推送在内的一系列精准营销策略。此外，大数据分析还可以在生产过程中实现质量控制和预测，提高产品的质量和可靠性。

5. 人工智能

人工智能是一项通过设备和软件来模仿人类智识和行为的技术，也包括围绕这项技术衍生的各类理论。这些技术理论包括算法和深度学习等内容，同时还涉及多项人文学科。作为一项前沿技术，人工智能正在重塑传统产业，在客户服务领域，利用机器学习和自然语言处理技术，企业研发了智能语音与文字模型为用户提供高效精准的服务。此外，人工智能还可以帮助企业进行业务预测和优化，提高运营效率和利润。

6. 区块链

区块链是去中心化的数据库，由密码学方法生成的数据区块组成，是诸多加密货币的关键技术。从应用角度来看，区块链也是一个分布式的共享账本，具有去中心化、不可篡改、全程留痕、可以追溯、集体维护、公开透明等特点。这些特点保证了区块链的"诚实"与"透明"，为区块链获得信任奠定了基础并解决了信息不对称问题，具有丰富的潜在应用场景。

7. 工业互联网

工业互联网的本质是构建物联网底座，将各种设备、生产工厂、供应链上企业、最终产品和用户相互连接的一项技术和概念。这一概念最早由通用电气提出，随后通用电气与多家企业联手组建了工业互联网联盟，进一步推动了工业互联网的应用。工业互联网有利于消弭供应链和价值链上各类企业的发展壁垒，加速制造业和服务业的两业融合，不仅优化了产业之间的资源要素配置，还实现了生产与消费环节的信息共享。

三、数字化转型对传统产业的冲击

增长理论认为，生产效率主要由技术所决定，数字技术的应用显著提升了社会生产效率，因此，进一步提升数字技术的通用性对于提高生产效率存在巨大潜力。经验表明，传统产业的数字化程度越高，改善生产效率的效果越显著，特别是在经济欠发达地区和创新水平较低的地区。本部分从商业模式、生产方式、生态融合和技术研发等方面，简述数字化转型对传统产业的冲击与重塑。

第一，数字化转型加速变革传统产业的运行模式。这种变革涵盖从供应链管理到市场推广和销售渠道。例如，电子商务平台的崛起在空间和时间上拓展了销售方式，倒逼供应链变革，形成由顾客到厂家的一整条完整产业链。数字化转型对商业模式的重构，使企业对传统的路径依赖失效，体现在管理路径、产品创新及企业协同模式等方面。面对数字化转型的冲击，企业开始重新审视其定位、流程和资源配置，体现在宏观层面则是产业结构的变迁。

第二，数字化转型促使企业发展新型生产模式。通过引入物联网、人工智能和大数据分析等新一代数字技术，企业不仅能够及时精准地定位用户群体和需求，还能够挖掘出生产环节所产生的巨量数据信息的深度价值，据此重塑企业的产业链和生产流程。一方面，传统制造业通过相关应用软件实现生产要素的智能配置、生产流程的动态管理，实现更高效的生产流程和质量控制。另一方面，促进了个性化定制和柔性生产，使产品更加贴合消费者需求。同时，这也带来了技能需求的变化，企业更加倾向于具备数字技术知识和数据分析能力的产业工人。随着企业在生产过程中对数字技术应用的加深，企业对劳动的需求乃至传统产业中的劳动力构成均会发生改变。

第三，数字化转型消弭了传统产业之间的壁垒。数字化技术的应用使得企业之间的合作更加紧密和高效，传统产业的边界逐渐模糊，新的产业联盟和价值链网络不断形成。例如，工业互联网使企业与供应链、价值链上的其他主体共享信息，从而形成更紧密的合作，建立起全新的产业生态系统。产业数字化形成了以数据为核心的数字供应链，通过供应链数字化驱动链上企业数字化，发挥产业数字化的正外部性，促进不同地区、不同产业融合发展，并将最终形成产业数字生态。

第四，数字化转型重塑企业研发过程。传统产业的研发环节由企业内部的研发团队主导，针对消费者开展的市场调研具有局限性，对于消费者需求变动的掌握存在滞后性。数字化转型使企业通过数字平台实现与消费者进行实时、全面且深度的双向交流互动，能够更加精准快速地把握市场变化和客户需求，可以有针对性地随时调整研发方向和内容。此外，企业借助数字平台可以使消费者直接参与产品研发和设计环节，为产业带来更多的创新源泉，推动企业研发由过去封闭式的内部研发转为开放式众包研发。如家电厂商通过社交平台使消费者参与软硬件的优化迭代研发方案，增强企业研发能力，提高研发效率。

四、产业数字化的新机遇

产业数字化转型是人类社会正在经历的一场深刻变革，为传统产业乃至经济社会的发展提供了广阔机遇。

首先，产业数字化为传统产业带来了创新发展的机遇。通过应用大数据、云计算等新兴数字技术，传统产业可构建智慧生产模式，提高产出效能和质量。例如，数字农业将遥感等现代信息技术与传统农业进行有机结合，实现了对灾害、环境及农作物长势的实时监控。制造业利用数字技术实现智能制造，实现定制化生产并对市场需求快速响应，利用工业互联网平台整合产业链，实现企业间的融合发展。金融业可通过数字化创新，推出移动支付和在线金融服务，提升用户体验和服务效率。这些创新发展带来了新的商业模式和增长点，为企业带来了更多的机遇。

其次，产业数字化为传统产业升级发展提供了机遇。数字化转型催生智能制造，提升产品竞争力。例如，制造业可以通过智能工厂和工业互联网平台的建设，实现生产流程全面数字化和智能化管理。零售业通过电子商务和无人零售等方式，拓展销售渠道，提升客户体验和黏性。这些产业升级能够带动整个产业链的提质增效，推动产业结构的优化升级。

最后，产业数字化为传统产业增强竞争力创造了机遇。企业可以利用新一代数字技术实现高效运营和精细管理，从而实现精准营销并为客户提供个性化定制服务。例如，服务业企业可对数据进行深度挖掘，分析用户的行为模式，按需改善产品并完善推荐机制。此外，数字化还可以实现企业与供应链上其他企业的协同合作，优化资源配置和供应链管理，提升整体产业竞争力。

总之，产业数字化为传统产业带来了创新发展、产业升级和提升竞争力等多方面的新机遇。一方面，传统产业中的企业需要加快数字化转型的步伐，提升其在产业链和价值链中的地位和竞争力。另一方面，我国应积极主动把握产业数字化带来的机遇，加大对企业数字化转型的支持和引导力度，为产业发展创造良好的条件和生态。

第二节　农业数字化转型

农业在应用数字技术进行转型的过程中，拓展了产品的交易场所、降低了交易成本、丰富了交易品类并在整体上实现了生产效率的提升。本节介绍以新一代数字技术作为支撑的精准农业与智慧农业模式。

一、电商革命开辟精准扶贫新思路

改革开放以来，我国农业发展迅速，但其小规模生产与流通的基本格局并未改变，在应用互联网等数字技术之前，农产品的销售环节长期存在流通成本高、营销能力弱等突出短板。这是受我国农业生产规模小、经营分散、物流体系薄弱和农业农村信息流动性差等客观现实的约束造成的。首先，农业产品的流通时间长、跨度大，包括农业生产者、经销商和消费者等在内的主体和部门较多，加之农村的交通运输体系较薄弱，产生了相当数量的农产品损耗并最终推高了流通成本。其次，农业生产者的营销能力较弱，农村企业在建设农产品品牌的过程中往往收效甚微，而以家庭为单位的农户则将农产品直接出售给经销商，本身不进行任何营销活动，以上情况在客观上造成了农产品销售渠道的狭窄，限制了农户收入的增长。而电子商务特别是电商平台的出现打破了上述约束条件，改善了农产品的销售状况。

电子商务，简单来说就是借助互联网或企业内部网络进行商品交易的相关业务活动，淘宝、京东和拼多多等均是开展电子商务活动的代表性公司，也是发展较为成熟的电商平台。电子商务对于提升农业产品的流通与销售具有如下表现。

第一，电子商务改善农产品产业链。电子商务平台通过互联网等数字技术将农户、经销商和批发商连接起来，利用互联网在数据采集与分享方面的优势，打破各主体之间的信息壁垒，提高产业链的运转效率，显著降低了围绕农产品产生的各类交易成本。部分电商平台省去中间流通环节，利用其销售端的巨量需求优势，直接与农户进行农产品交易，实现了从货源组织到产品零售的直接跨越。此外，电子商务平台广泛应用大数据分析技术，通过预测消费者需求，依据地理位置和交通区位等信息制定农产品的最优运输路线，缩短了生产者与消费者的距离，缩减了农产品的损失。

第二，电子商务拓展农产品营销方式。互联网具有极强的社交属性，因此电子商务平台具有天然的营销优势。一方面，农户与农村企业不再需要依赖原先低效的宣传路径，只要入驻农业电商平台，通过短视频、直播等形式可以以极低的成本开展各项营销活动。当下，越来越多的农户选择"视频带货"，直接与消费者进行农产品交易。另一方面，电商平台能够及时收集并显示消费者反馈，提高了商家树立良好信誉的行为激励，保证了农产品质量，最终形成品牌溢价。

2023年，我国涉及农业的电商平台共有3万余个，其中专门从事农产品交易的达4000余个，规模较大的成熟电商平台有农村淘宝、京东和拼多多等。其中，阿里巴巴的"千村万县"计划有效带动了农户参与到电子商务当中。截至2023年，淘宝村数量已超过5000个，每年的农产品交易额突破万亿元。京东在2015年开启了农村电商发展之路，建立健全产品仓储、产品运输、产品配送等相关环节的基础设施，通过整合现有资源，优化农村电子商务的全产业链条。此外，苏宁的零售市场覆盖范围广泛，农村电商平台苏宁小店广布我国的乡、镇和村级区域，零售市场竞争力较其他平台更为突出。如今，拼多多作为农产品销售最大平台，2023年第一季度订单超10亿笔，目前仍处于上升趋势。

总的来看，电子商务拓宽了农产品的流通路径，拓展了农产品的营销模式，无论是农户与平台完成交易，还是农产品商家直接入驻电商平台，这一过程均降低了农产品流通成本，改善了供应链效率，增加了农户收入，提高了农民生活水平。

二、智慧农业开拓农业发展新路径

农业数字化转型历经了从精准农业到智慧农业的发展过程。精准农业最初是指利用遥感技术和卫星定位系统进行农作物种植管理、土壤精准施肥和病虫害防治等农业生产活动。随着数字技术的发展，特别是互联网、物联网和智能装备等技术的应用，农业在生产过程中的精准管控能力得以加强，实现了以较少的投入获得同等或更高的产出，农业数字化程度的加深，拓展了农业转型升级的创新实践。智慧农业将各类新一代数字技术应用于整个生产周期，是高度数字化、智能化的农业生产模式。智慧农业重构了农业生产经营方式和产业链、创新链、价值链体系，生产者、销售者和消费者之间信息流动性得以加强。本部分从精准农业与智慧农业的角度简述世界主要国家的农业数字化转型发展成果。

1. 美国

美国在20世纪就开展了关于土壤传导性、土壤元素测定和电磁感应等技术的研究。进入21世纪，信息感知、无线传输、物联网等技术接续涌现，构成了美国精准农业的基础。时至今日，精准农业全套技术体系在美国已经实现市场化，约翰迪尔公司的"绿色之星"、凯斯纽荷兰公司的"先进农业"等系统是技术集成的先驱，为农场主提供完整的配套设备和技术服务。美国已形成了成熟、可推广普及的精准农业模式，并成为全球精准农业的引领者。其精准农业模式具有如下三个主要特点。

一是精准定位与自动驾驶系统。美国为农业免费提供信号服务，主要通过电台、移动通信链路和卫星通信链路3种方式实时提供厘米级精度动态信号。例如，凯斯纽荷兰等企业生产的拖拉机和大型收割机普遍安装了基于GPS等技术的自动驾驶系统。上述技术使美国农场主在家中便可操作农用机械完成各类农业生产活动。二是大数据对农业生产的赋能。专业的农业分析公司为美国农场主提供各类数据分析服务，如农场中各地块的土壤性质、肥力，各类作物的生长周期和所需营养物、水分和预计产出等，农场主按照上述数据规划生产，实现几乎最高投入产出比。此外，农业生产亦可通过大数据技术，通过分析与作物相关的各类数据，精准控制包括农药、肥料等在内的各类投入量，极大地节省成本。三是物联网连接的智能化农业设备。美国的农用设备具备较高智能化水平，如播种机可根据土壤状况，自动调节播种动作，使所有种子处于同样的深度，灌溉装置通过接入网络获取包括气象、土壤干湿度等各项数据自动调整浇灌频率。接入物联网的各类智能化农业设备，让美国农场主开始用移动设备管理农场，这种大规模的智慧农业模式，使农产品的生产持续保持稳定高效。

2. 日本

不同于美国平坦肥沃的大规模农场，日本在历史上长期以分散的小农经济为主，这一点与我国的农业传统具有相似之处。立足农田面积狭小，农户分散的客观条件，日本政府一方面推动农业生产向集约化、适度规模化经营转变，另一方面开始将农业物联网建设列入产业规划，力图通过引进精准农业提升农业产出效率。在规划执行的10年后，超过50%的日本农户正在使用农业物联网设备。

日本精准农业的最大特点在于精巧，致力于开发具有高灵敏度和高精确性的小型农业机器。20世纪90年代，日本政府开始鼓励农用设备的相关企业研发和推广无人机在稻田植保中的应用，早期的无人机主要基于遥感成像技术收集农作物的生产态势等信息，同时兼顾喷洒和杀虫等动能。随着物联网和机器学习等技术的引入，目前的稻田无人机已具备精准导航、躲避障碍等功能。同时，日本精准农业广泛使用能够采集土壤水量和肥量的六足机器人、水稻变量施肥机、采用三维视觉系统的采摘机器人和撒播水稻出苗数检测装置等，多台小型机器通过物联网可以接收计算机指令进行高效协同作业，进而提高了农业生产的精细度与投入产出比。

此外，日本也在推动构建农业数据平台。2014年，日本政府通过与企业合作，历时5年的研发建设，日本全国性农业数据公共平台正式上线运行。该平台汇集了土壤、气象、生长预测、农机作业等数据，并与农场管理系统同步，在推行变量精准施肥、提高农机智能化水平和机器人协同作业等方面发挥了重要成效，推动了大数据分析与精准农业相结合，加快了日本农业的数字化转型。

3. 德国

欧盟发达国家正积极探索农业数字化转型的路径，其中德国走在前列。2017年，德国投入超过50亿欧元，由大型企业、科研单位牵头研究攻关与信息感知和调控、云平台等技术相关的软件系统、硬件装备等。

德国农业数字化转型的总体思路是利用遥感技术和传感器

采集农业用地的地理位置、土壤特性、作物信息和实时天气等数据，将信息统一上传到云端，综合运用大数据分析、人工智能等数字技术进行处理，给出改善土壤和农业生产的相关方案，再将云端提取的指令信息发送给物联网平台，平台接入了能够收发信号的各类农业机械，农产者通过平台便可开展各种农业生产活动。

以 Gut Derenburg 农场为例，该农场配置了能够实时测产制图的收割机，在完成农作物收割的同时收集了有关农产品产量空间差异的各项数据，以便改善下一次的生产策略。同时，该农场搭建了精准灌溉系统，将空间数据和土壤类型、土壤田间持水量等属性数据叠加，得到可用田间持水量空间分布图，结合降水量和作物需水规律等数据，分析作物缺水状况，进行空间分区，针对不同分区采取有针对性的措施。

4. 以色列

以色列地处降雨稀少、土壤贫瘠、地表水分布不均地区，因此，以色列政府每年资助上亿美元用于研发和推广以温室和节水为代表的农业技术。农业科研经费在 GDP 的占比位居世界前列，其中，滴灌与喷灌是以色列节水灌溉的核心技术。

以色列节水滴灌技术的成功得益于以物联网和大数据分析技术为基础的数字化管理平台，物联网平台通过接入滴灌设备搭载的传感器采集各类农业生产数据，如土壤性质、作物生长信息、温湿度变化等，以上信息经大数据分析后得出最有效率的灌溉时间和灌溉量，实现滴灌用水量精准化。目前以色列绝大多数农业生产地区都已使用了基于实时数据的灌溉策略。

同时，在滴灌技术的基础上，以色列积极发展水溶肥料技术。施肥罐中溶解的氮、钾等肥料，经数字化管理平台分配后，借助管道和压力准确、均匀地输送到植物根部，一些先进设备可测量每个植株的压力水平，以此确定水肥输送的起止时间，实现了节水节肥、精准灌溉与施肥一体化。此外，以色列在温室棚内配置了光照、温度等传感器，数字化控制系统通过读取传感器采集的数据，自动升降挡板和帘幕，从而保证植物所需的最佳光照和通透性，实现了从播种到收获的全过程智能化。

第三节　制造业数字化转型

工业互联网通过构建工业互联网平台助力企业实现大规模高效的协同生产，是发展智能制造的基础；智能制造是工业互联网发展的结果，也是工业生产实现自动化智能生产的目标，工业互联网与智能制造相互促进发展，有利于进一步推动我国制造业转型升级，提升我国制造业的全球竞争力。本节结合案例简述工业互联网与智能制造的概念内涵、关键技术和体系架构等多个方面。

一、协同高效的下一代制造模式——工业互联网

（一）概念内涵

2012年，美国通用电气公司首次将工业互联网定义为数据、硬件、软件间智能的流动和交互。2014年，以思科、通用电气等公司为首成立了工业互联网联盟，并进一步将工业互联

网界定为由实物、机器、人与计算机机器网络组成，拥有智能制造、生产控制与个体感知、整合任何性质的网络而进行数据整合与数据分析的全球开放式智能工业系统。此后，各组织和机构从不同的层面对工业互联网进行了阐述，但其本质可归结为：工业互联网是信息社会的全球基础设施，通过基于现有和新兴的可相互操作的信息和通信技术互连（物理和虚拟）事物来实现高级服务。

世界主要的制造业国家也制定了关于工业互联网的战略规划和发展目标，如日本的"工业4.1J"、德国的"工业4.0"和中国的《中国制造2025》等。其中，《中国制造2025》将工业互联网定义为：链接工业全系统、全产业链、全价值链，支撑工业智能化发展的关键基础设施，是新一代信息技术与制造业深度融合所形成的新兴业态和应用模式，是互联网从消费领域向生产领域、从虚拟经济向实体经济拓展的核心载体。

结合以上内容可知，工业互联网是传统工业利用5G、云计算、大数据分析和物联网等新一代数字技术实现"人－机－物"全面互联的新型工业模式，是传统工业实现数字化转型，走向工业智能化发展的关键基础设施和应用模式。

（二）关键技术

构成工业互联网发展的关键数字技术主要由5G、边缘计算、工业智能和区块链等构成，下文将依次介绍各类技术在企业数字化转型中的应用方式与应用场景。

第一，5G通信技术。工业领域的制造流程复杂、业务场景多样、装配设备数量多，需要具有多连接、低延迟的网络技术作为工业互联网的底层架构，实现人、机、物之间的互联互通。5G通信技术具有的海量接入、稳定传输和低延时等优势，正是工业互联网实现全面连接的基础。当前，通过5G通信技术与其他数字技术融合的5G+大数据分析、5G+云等技术，使5G赋能工业互联网得到了大量的应用。例如，在生产制造场景下，5G能够支持自动引导运输车的部署，控制机械臂实现产品装配等。

第二，边缘计算技术。工业互联网平台需要高效的计算能力，而工业现场中设备之间的通信标准不统一，将数据传输到云端进行计算会降低生产效率，边缘计算技术可将数据计算和存储分散到工业互联网边缘，降低云端计算和存储的压力，解决云计算模式存在的实时性差、运维成本高和数据安全风险等问题。目前，应用边缘计算技术已成为工业互联网的关键，是实现自动化生产的底层数字技术。

第三，人工智能技术。工业互联网的特点在于能够利用数据实现智能分析与决策优化。人工智能技术所具备的自感知、自学习、自决策等特点，有效地解决了工业化联网数据量大、数据维度广、实时分析难等问题，为更好实现精准决策和动态优化提供了帮助，是工业互联网形成数据优化闭环的关键技术。目前，工业智能技术赋能工业互联网已经得到了一定的研究和应用，如利用工业智能技术综合分析设备运行状况、原材料状况、制造流程等数据，找出最优参数，进而大幅提升制造系统的运行效率与制造品质。

第四，区块链技术。工业互联网平台的运行需要将部分数据上传云服务器，企业对自身数据隐私的泄露存在担忧，一定程度上阻碍了工业互联网平台的使用和推广。区块链技术推动了工业互联网中多主体之间的相互信任，实现企业内各部门各环节的数据分享，其分布式的特点亦可促进产业链和产业间的协同融合发展。目前，一种基于区块链技术的网络计算系统的图像加密方案，解决了针对传感器设备生成的图像泄露问题，加强了图像数据的私密保护及安全性保护。随着对"区块链+工业互联网"融合研究的持续加深、应用模式上的接续探索，以及各项技术标准制度的不断发展与完善，区块链技术将在网络安全、资源高效分配、制造数据溯源、智能协同制造等方面发挥更大的推动作用。

|延伸阅读|

通用电气与 Predix 平台

在数字时代，每一家制造业企业也必须同时是一家软件分析企业。基于该理念，通用电气制定了"数字工业"这一核心战略。该战略包括三个主要内容，即工业互联网、智慧机器和大数据分析，通用电气也因此成为业界首次提出构建工业互联网的公司。同时，通用电气提出了"1%的威力"的概念，以航空发动机为例，如果技术进步可以减少1%的燃料，未来15年可为企业减少300亿美元的成本。通用电气认为，工业数字化转型能够为企业带来相似的成本优势，因此通用电气的数字工业也被称作"1%的战略"。

这一战略催生了通用电气公司的工业互联网平台，即Predix平台。Predix的系统架构非常庞大，涵盖了智能设备认证、数据连接、边缘计算、云端系统的架设和服务以及大数据分析工具等。Predix本质上是一种物联网的软件操作系统，其目标在于接入各种智能生产设备实体，获取并分析各类生产数据，实现这一目标主要通过应用 Predix 组件与 Predix 云。Predix 组件安装在各类控制器上，生产设备通过与 Predix 组件相连从而实现与 Predix 云的通信，完成生产设备与软件层面的交互。Predix 云可以进一步为工业设备提供数据分析、设备安全评估和运营管理等服务，帮助制造业用户提高设备运营效率、资产能力，节约成本。

最初，Predix 平台仅供通用电气的客户或专门厂商使用，直到 2015 年通用电气才将其开放给所有厂商。发展至今，Predix 平台涉及的产业领域已包括医疗、能源、运输、照明、航空和家电等，这些领域内的用户设备一部分由通用电气自主生产，另一部分则来自第三方企业。以能源行业为例，2014 年通用电气推出 GE2.75 – 120 型智能风机，作为通用智能风电平台的一部分，该风机接入了 Predix 平台。安装在风机上的传感器可采集风电场内每秒产生的数以万计的巨量数据，这些数据经 Predix 平台分析后可预测未来 30 分钟的风况。同时，智能风机通过 Predix 平台优化经营参数系统，为电网提供可预期的稳定功率输出，额外创造了约 5% 的产出，为风场提升了近 20% 的收益。值得一提的是，通用电气在 2015 年凭借这款明星产品与我国一家能源企业签订战略合作协议，为这家公司提供了 55 组智能风机。

通用电气不仅将 Predix 平台深度应用于各产业领域之中，以提升设备的运营效率，还利用 Predix 平台整合供应链并打造统一数据库，实现了对供应链的统一集中管理，随着其应用场景的愈加广泛，Predix 生态系统日趋成熟。

> 延伸阅读

西门子与 MindSphere 平台

2006 年起,西门子一方面先后斥资近百亿美元收购工业软件公司,另一方面在内部逐步整合不同业务部门的远程服务产品和工业软件系统,开启了对应用物联网技术进行工业数字化转型的探索。2012 年,西门子初步构建起一个开放式软件操作系统平台,工业互联网平台初见雏形。直到 2014 年,西门子明确提出将数字化业务、电气化业务和自动化业务作为西门子最核心的三大业务。同年,西门子针对核心业务正式推出了 MindSphere 软件系统平台,代表其自主建设的工业互联网平台正式成型。2017 年时,MindSphere 平台已迭代至 3.0 版,这一版本也开始在我国得到应用。

西门子的目标是将 MindSphere 打造为数字生态圈融合发展的平台。作为基于云的物联网开放式系统,MindSphere 是连接各类智能硬件设备的智慧平台,可实现不同智能设备之间的交互。此外,MindSphere 平台还可为各类第三方工业企业提供开发运营环境,赋能西门子数字工业生态圈和各类工业企业。具体来说,MindSphere 平台可分为基础层、平台层、应用层。

首先是基础层。企业用户在基础层可通过工业互联网获得数据存储、安全、计算等云端服务。西门子在该层面并没有选择进行自主研发搭建,而是选取了 Cloud Foundry、亚马逊 AWS、微软 Azure 和阿里云等企业作为基础层云服务的合作伙伴。

其次是平台层。这是 MindSphere 平台最重要的组成部分,也是西门子建设投资最高的部分,主要内容包括设备连接、应用程序、开发工具和数字解决方案。该层面整合了人工智能、大数据分析、边缘计算和区块链等数字技术，是整个MindSphere的中枢大脑。

最后是应用层。这是西门子与企业用户共同建立的。MindSphere平台的目标是提升用户在全价值链上的效率，因此，MindSphere平台在应用层将数字化解决方案分为三大部分：设计与工程规划、自动化与运营、维护与服务。西门子或其用户通过智能设备采集工业运营的相关数据，在应用层根据自身需求选择相应软件对运营数据进行分析，再经人工智能技术对决策方案进行优化，进而实现对生产线的智能管控。同时，应用层还能够实现设备自诊断、远程维护等。

作为西门子数字工业生态圈的核心工业互联网平台，MindSphere平台的生态合作企业包括云服务商、软件研发企业、物联网企业和硬件厂商等。例如，在云服务层面，MindSphere平台目前的合作伙伴包括亚马逊AWS和微软等。这些企业可以提升MindSphere平台的算力和数据分析能力。而在应用层面，西门子主要针对垂直行业定制应用软件和解决方案，而非打造包括所有领域的横向工业互联网平台，这使得西门子所构建的工业互联网专业性更强、精细程度更高，但在跨产业领域上的应用则未必适用。

二、从中国制造迈向中国智造——智能制造

新一代数字技术的快速发展及其在制造业的广泛应用，促使各国先后开启对实现智能制造的主动布局。包括美国、德国

和日本等在内的制造业大国纷纷制定了其下一代制造的发展战略，意图通过全面应用数字技术重塑工业生产，推动传统工业进行数字化转型。2015 年，我国发布了《中国制造2025》。该战略的核心在于实现智能制造、绿色制造和生产经营活动的智能化、网络化和自动化。本部分将从概念内涵和发展范式的角度介绍智能制造，以海尔公司为例，简述制造业企业如何实现全生产流程与产品全生命周期数据的互联互通、全业务协同及决策优化，进而形成智能制造模式的数字化转型过程。

（一）概念内涵

智能制造概念最早出现于 20 世纪 80 年代，随着数字技术与制造业的发展，智能制造的内涵得到不断的延展与扩充。目前，各国家、企业与科研机构对智能制造定义的侧重各有不同，总的来说，智能制造是完全集成和协作的制造系统，能够实时响应工厂、供应链网络、客户不断变化的需求和条件。具体来说，智能制造的主要特征体现在如下四个方面。第一，互联感知，智能制造的基础。物联网打破了产业生产中物理设备和数字信息之间的壁垒。企业将全部生产设备与产品接入工业互联网，从而获取产品全生命周期所有活动产生的各项数据，再将采集到的数据同步到云端，以备开展进一步的数据分析。第二，数据驱动，智能制造的核心要素。围绕产品产生的数据都经数字技术处理，成为制定科学决策，完善产品和生产流程，提高产出效率的重要依据。第三，智能决策，智能制造的关键目标。大数据与人工智能技术使制造系统具有判断能力，能够实现自主决策，更好地调整生产模式。无须人工调整，智能化决策可直接作用于物理设备，对制造资源和服务进行优化控制，进而实现制造系统的全面优化。同时，提升了产品的研发闭环创新、生产过程实时优化和运维服务动态预测等性能。第四，开放共享，推动各场景协同发展。智能制造打破了企业边界，实现生产和服务等环节的互联互通，推动制造资源社会化开放共享。在智能制造模式下，企业一方面以按需使用的方式充分利用外部资源实现协同生产，另一方面可根据用户端的需求反馈改善产品。

（二）基本范式

智能制造可按应用技术的区别划分为三个阶段，或称三个范式。

20世纪90年代之前，制造业的数字化体现在应用以计算和通信为代表的技术赋能工业生产。企业将用户需求转化为产品信息并以此为生产决策和自动化控制，该阶段是智能制造的第一个范式。

自20世纪90年代开始，随着因特网和无线通信技术的普及，制造业进入了以网络化为关键特征的时期。以物联网为底层技术的工业互联网平台将设备、生产链和数据等连接起来，实现多主体多部门之间信息的采集和分发，进一步推动了制造业的数字化转型发展。该阶段以"互联网+制造"为核心，是智能制造的第二个范式。

目前，在大数据、云计算、人工智能和工业互联网融合应用的基础上，制造业数字化进入了以人工智能为核心技术的智能化阶段，是当今世界主要国家和先进企业着力构建的新一代智能制造，也可称为第三个范式。新一代智能制造深刻影响和改变人类的生产结构、生产方式乃至生活方式和思维模式，推动生产力的整体跃升。新一代智能制造将为制造业带来革命性变化，成为制造业未来发展的核心驱动力。

　　上述三类范式各有其自身所处阶段的特点与侧重解决的问题，代表其时代先进数字技术与制造业融合发展的模式。三类范式并非孤立存在，相反，每一范式都是在前一阶段的技术积累上产生的，三类范式相互交织、融合发展，这一点在发展中国家特别是新兴工业国家尤为明显。

> **延伸阅读**
>
> ## 海尔与COSMO平台
>
> 　　2012年，海尔启动网络化战略，计划通过应用一系列数字化技术，在生产制造方面实现数字化、网络化和智能化转型，最终实现企业的整体转型升级。在这一战略推动下，海尔在2016年正式推出智能制造平台，即COSMO平台。该平台是我国首个拥有自主知识产权的工业互联网平台，旨在为制造业厂商提供定制服务，带动各领域的制造业企业向智能制造转型。2023年，COSMO平台已积累了数亿用户并连接全球资源，实现了跨产业、跨部门的耦合式服务，智能制造的模式日趋成熟。COSMO平台具体可分为三个方面，即智能生产、智能产品和智能服务。
>
> 　　智能生产是指COSMO平台通过采集数据和用户反馈等信息，精准把控产品的全生命周期和用户的各类需求。基于智能生产系统，用户通过海尔定制平台全程参与产品周期的所有环节，具体实现路径有模块化定制、众创定制、完全个性化定制和整体智慧生活解决方案四种形式。以众创定制为例，该模式是指企业与用户通过合作的方式实现定制。用户首先

提出产品构想，并在定制平台上发起众创，其他用户根据自身偏好对产品构想进行投票，当某产品构想收获一定数量的票数之后，投票的用户就可交付定金等待产品的上架，并在互联工厂见证产品的全程生产流程。海尔的"天樽"空调便是众创定制的产品。"天樽"最初来自一位用户发布的草图，设计理念是将无叶风扇的"风洞"应用在空调上。该创意得到了众多用户的支持，收获大量投票，随后该设计进入正式的生产流程并实现量产，成为2013年海尔最具创新的空调产品。此外，COSMO平台还通过精益生产和协同作业提高了生产效率，例如，将产品的研发过程标准化、模块化，结合大量的用户反馈数据进行柔性生产，实现了产能与产品良率的同步提升。

智能产品是COSMO平台中基于云计算和大数据分析的物联网设备。其中，物联网技术实现了智能产品与用户互联互通，使海尔的产品可以与用户进行直接交互。智能产品在各场景采集到的数据存储在COSMO平台，并由大数据分析进行处理。大数据分析贯穿产品全生命周期，包括前期市场调研、产品设计再到产品生产和用户反馈，实现用户与生产的全要素、全场景互动。海尔生产的智能家电产品中的每一个部件与功能都基于用户体验和反馈。在生产、物流、用户使用和售后等所有场景中，智能产品可以持续收集用户使用数据，并将用户体验实时反馈回COSMO平台，使产品的改进迭代始终基于用户体验。智能产品在用户与生产之间构建了桥梁，使用户能够参与到产品的研发与设计环节，实现了COSMO平台以用户为中心的智能制造思想。

智能服务主要分为两部分，一部分是为外部企业提供智能制造解决方案，另一部分是为用户提供智慧生活整体解决方案。前一部分属于工业互联网的代表，后一部分则更接近智能制造。以海尔的"馨厨"智能冰箱为例，该冰箱搭载了智慧厨房系统，能够基本覆盖厨房场景中用户的各类需求，如购买食材和厨具、观看烹饪教学视频、查询菜单、欣赏电影音乐等综合娱乐项目及查看天气信息等。上述服务或由海尔的内部资源和服务直接提供，或通过海尔与第三方企业的合作实现服务供给。此外，不同于传统家电企业，用户可在COSMO平台上使用不同应用体验个性化服务。以用户报修服务为例，不同于传统的用户报修，售后服务人员接到用户的报修信息之后再安排维修的售后模式，COSMO平台的智能服务可以实现由移动互联网智能云服务处理报修任务。部分智能产品还具有自主诊断的能力，在产品出现问题后，智能服务系统会将故障信息自动推送给用户，并将更为详细的故障信息与参数同步至COSMO平台。用户不需主动报修，售后部门便能知晓产品的故障情况，由售后服务人员自主接受订单并上门维修。维修后的产品状态也将自动传送至COSMO平台，达到售后服务的交互迭代，真正实现智能服务模式的变革。

第四节　服务业数字化转型

数字技术推动了传统服务业的转型升级，云计算和物联网等技术的广泛应用，提升了服务业的生产效率、助力服务业模式创新、推动产业之间跨界融合并最终赋能产业升级。例如，区块链和人工智能的应用重塑了金融、物流等服务业领域的传统商业模式，为客户带来高效服务的同时，也提高了资源配置的效率。

一、提升服务业生产效率

数字化转型改善服务业生产效率主要体现在成本节约、规模经济、精准匹配和资源利用四个方面。第一，数字化转型促进成本节约。服务业企业利用数字技术创造了远程办公、线上教育和远程医疗等新服务模式，在降低企业信息获取成本和服务供给的交易成本的同时，也降低了消费者与企业间的沟通成本。第二，数字化转型促进形成规模经济。数字技术的应用深化了企业内部分工，助推服务业企业形成规模经济。数字基础设施的完善和公共服务业的市场化，扩大了消费者对服务业的消费需求，由此催生的互联网共享经济和平台经济促进了服务业企业间的资源共享，进一步释放规模经济红利。第三，数字化转型实现精准匹配。互联网能够及时反映市场变动，有利于供给者掌握消费者需求，并可据此进一步改善产品，使服务业供给更精准地贴合消费者偏好。第四，数字化转型优化了资源的利用。服务业企业间通过数字技术将线下闲置资源进行数字化处理，减少了企业间信息不对称，实现了服务业闲置资源共享，有效调节了服务业全行业要素供需的平衡，提升服务业资源配置和使用效率。例如，共享经济盘活闲置资产，促进了企业有形或无形闲置资产的迅速匹配；平台经济降低了供需双方的搜寻成本和交易成本，减少了资源使用成本，极大提高了资源的使用效率。随着服务业数字化转型的深入，共享和平台经济已由消费者业务市场拓展至企业服务市场，进一步提高了服务业发展速度与效率。

以金融服务业为例。随着金融业数字化水平的提高，投融资机构利用大数据分析和人工智能技术，构建评估匹配优势模型，为客户提供多种新型金融服务，拓展融资渠道，推动多元化的融资方式，一方面提高了资本的利用效率，另一方面降低其客户的融资成本。特别是数字金融利用数字技术减轻了投融资过程中供给双方的信息不对称现象，降低了信息搜寻成本和交易成本，使得风险和收益更加匹配。此外，数字技术赋能支付结算等金融业务，增加了资本跨境的便利性，端到端的支付追踪也更加清晰。同时，区块链技术特别是数字加密技术使金融机构之间得以并行处理支付业务且更加安全可靠。这不仅提升了金融服务业的效率，同时也为我国吸收境外投资和境内资本走出国门提供了巨大便利。随着金融业效率的提升，资本要素投入的增加有效缓解了企业的流动性约束，进一步提升了企业的生产效率。中小微企业约占我国企业总数的90%以上，其发展水平对我国产业转型升级起着至关重要的作用，金融服务业数字化提高了资金配置效率，大大降低了中小微企业的流动性约束，使中小微企业获得资金基础，助力其引进先进技术，进行自主创新，最终对全产业的转型升级进程起到推动作用。

除金融业外，数字技术的应用对其他服务业生产效率的提升也是全方位多层次的。例如，餐饮业通过移动支付和在线订餐系统，减少了点餐与结账的时间成本，增加了餐厅的翻台率。餐饮线上平台简化下单流程，提升出餐速度，拓展消费市场。此外，餐厅通过收集顾客的消费数据并进行分析与预测，优化商品库存数量，提升中台的配餐效率，有效减少库存损失与资源浪费。在客户服务领域，许多公司配备了搭载人工智能技术的机器人，准确高效地解决用户的常规问题，减轻工作量从而降低用工成本，既提升了客户服务部门工作效率也提高了客户满意度。电子签名和数字合同，加速了文件签署和审批过程，改善了公司内部的协作效率，精简了公共服务部门的办事流程。

二、助力服务业模式创新

数字化转型推动服务业虚实结合，拓展服务业的业务场景，挖掘服务业潜在价值。新一代数字技术在服务业的渗透，激发了服务业的模式创新，使服务业全产业链环节的信息资源得到充分优化与整合，推动传统服务业数字化转型。同时，智能服务、定制服务、共享服务和体验服务等一系列服务业新业态也随之出现。例如，物流服务业应用互联网远程控制技术与大数据分析技术，创新无人物流分拣和机器配送等；医疗服务业以 5G 通信技术为基础，实现远程问诊、远程 B 超、VR 诊疗和远程急救指挥平台等；会展业利用云计算、虚拟现实技术创造线上展会、虚拟展馆，结合在线直播、在线支付、在线对话等形式实现新业态闭环。服务业企业利用数字平台和数字技术带来的智能性和低成本优势，颠覆了传统业务模式，推动制造业和农业等实体产业的数字化转型进程，带动整体生产结构升级。随着服务业中金融、物流、设计研发、检测与认证、营销等领域的数字服务能力提升，创建了以服务业人才供给体系、资金管理体系、互联网平台运营与监管体系及新经济场景布置体系为核心的服务业创新体系，为现代服务业与其他产业的融合发展创造了契机。

以智慧文旅平台为例。近年来，各地为促进文化和旅游事业发展，由当地政府部门牵头组织建设了一批可为游客提供文旅信息与智慧化服务的一站式平台，实现了数字营销、数字服务、数字运管一体化，推动了文化旅游业与数字技术的结合。例如，智慧文旅平台利用 VR 等虚拟现实技术将现实景点搬至线上，配以专业的讲解文字、音视频或 VR 真人解说，使用户足不出户即可沉浸式体验当地特色的美景与文化，实现了对地方文旅产业的宣传。智慧文旅平台利用地理定位技术，根据游客所在坐标，在文旅地图中标注出周围的旅游景点、文化场馆和基础设施等，方便游客获取与景区相关的各类信息，帮助游客合理规划行程。此外，智慧文旅平台实时监测景区游客流量，反馈当前的客流变化。平台利用运营商监测数据，当景区流量超过瞬时承载量的 90% 时，则会提醒游客景区进入"限流"阶段；当实时客流在瞬时承载量的 50% 以内时，则会变为"舒适"状态，50% 至 90% 为"适中"状态。智慧文旅服务平台也提高了酒店业的服务效率，推动了酒店服务业的数字化转型。服务平台通过自助入住机、人脸识别、智能送物机器人和 AI 电话等数字化技术构建智能酒店服务的整体方案，形成全程无接触、智能化的酒店服务闭环，开拓了数字化酒店这一新模式。此外，借助 5G 通信和人工智能技术，基于酒店场景上线 AI 管家等数字化移动端运营工具，实现数据驱动运营效率提升。2022年,山东文旅通过智慧文旅服务平台,服务管理酒店超过300家,服务会员数量超过600万,累计实现线上交易额4.3亿元,提高整体运营效率30%以上,为开拓酒店服务业数字化新模式提供了行业示范。

三、推动服务业跨界融合

从服务业产业内部看,数字化转型推动企业间开展合作,构建服务业数字化生态圈,满足数字时代消费者的多样化需求,激励企业消化、吸收、应用数字技术,增强企业间包容性和协作能力,共享数据信息资源,更好地应对市场变化。同时,企业之间的数字合作提高了对消费者需求的响应速度,通过对需求端的回应倒逼企业进行业务创新,提升各类服务业与数字科技的融合程度。此外,数字技术驱动服务业上下游企业间的整合,加快了服务业产业链一体化,使下游企业以低成本、高效的方式将消费者反馈的信息与数据传递到中上游企业的研发创新环节,从而实现整体产业链闭环。横向来看,数字化转型促进服务业的产业链、价值链和供应链的融合协作,推动了服务业企业间的融合发展,构建服务业的数字化生态环境,并最终促进传统服务业的数字化转型。从各产业部门之间看,数字经济使各产业的业态和场景间的边界模糊化,加速跨界融合的发展进程。服务业与制造业(两业融合)融合升级,实现资源跨界共享,打破了生产与服务间的区隔。制造业通过数字技术和智能设备,收集用户信息并对产品进行迭代,推出柔性生产和个性化定制等;通过采集智能产品运行状态的相关参数,一方面为客户提供智能售后服务,另一方面修补并改进产品设计。服务业与农业融合发展，产生了农村电商，实现生产性农业和生活性服务业的有效衔接，以互联网直播形式连接供需两端，缩短了农产品流通环节和流通时间。此外，互联网有效地推广了农技服务和农业科学研发成果。

以农业电商为例，农业电商平台是利用互联网和大数据等数字技术，融合金融、物流等各领域，通过线上交易，提升生产流通效率的新型运营形式。目前，农业电商平台主要分为农业产品与农用物资两类。农业产品电商平台主要以农产品交易为主，既有如农村淘宝、京东、拼多多和苏宁等综合电商平台，也有以"一亩田""惠农网""绿谷网"等为典型代表的专门从事农产品交易的电商平台。农业电商平台一方面帮助农户实现农产品的产销对接，使农户获得更高收益；另一方面降低采购商的采购成本，突破农产品流通的限制，使农产品更快更直接地到达商户手中。农用物资电商平台主要以农资产品交易为主，通过在农资厂商、流通商、农户之间搭建种子、农药、化肥、饲料及农用机械等农资网络交易平台，提升农资产业链的整体效率，促进农业生产集约化、专业化发展。其中，以"京东农资"和"农村淘宝"等综合型农资电商平台为代表，凭借其自身的互联网入口地位，不仅涉足农资电商业务，还包含农产品电商业务，产品种类全，覆盖区域广，但在农资技术服务方面相对薄弱。以"云农场"等为代表的垂直型农资电商平台模式，专注于农资领域，并为农户提供线下专业农资技术服务。

第四章

数字时代的平台经济

在当前这一日新月异的数字化时代背景下，平台经济作为一种正在崛起的经济模式，正以史无前例的速度与广度，深刻改变着全球经济的结构。这股变革力量的背后，是互联网、大数据、人工智能等一系列数字技术的持续演进。平台经济不仅贯穿于我们的日常生活中，体现在电子商务、社交媒体等诸多领域，还深入到共享经济、金融科技等更广泛的行业板块，其全面性和影响力彰显了这一经济形态的重要价值与深远意义。正是在这样的背景下，本章旨在全面深入地剖析平台经济的核心要素、发展态势、潜在动力、挑战难题及战略转型，为读者提供一个清晰、全面的视角，以理解并把握平台经济的时代脉搏。

本章首先从平台经济的基本概念入手，探讨其核心特征和基本原理，为读者揭示平台经济的本质属性。随后，本章深入分析我国平台经济的发展现状，展示了我国在这一领域所取得的丰硕成果及所面临的独特挑战。通过中美两国平台经济发展的比较研究，进一步揭示了不同市场环境下平台经济发展的共性问题和差异性特征，为我国平台经济的健康发展提供了宝贵的国际视角和经验借鉴。

进入本章的中后部分，我们将聚焦于平台经济的新动力机制，详细讨论如何通过技术革新和模式创新来降低交易成本、提高资源配置效率、扩大从业人员的包容性及激发消费新模式。这一部分不仅展现了平台经济的内在活力和发展潜力，也为平台经济的进一步优化和提升指明了方向。

最后，面对我国平台经济发展过程中遇到的同质化竞争、国际市场开拓不足及监管规范不完善等诸多挑战，本章提出了平台经济发展的战略再定位。这包括持续推动技术和业务创新、构建开放多元的平台生态、加强平台之间的合作与协同，以及探索监管创新之路等多方面建议。这些战略性的思考和建议旨在为推动我国平台经济的高质量发展、构建更加公平、开放、有序的市场环境提供指导和参考。通过全面系统的分析和深入细致的讨论，希望能够为读者提供一个多维度的理解框架，帮助大家准确把握平台经济的发展趋势，认识到平台经济在当前乃至未来社会经济发展中的重要作用，以及我们应如何更好地利用这一重要的经济形态，促进经济社会的全面进步。

第一节　平台经济的基本内涵

在数字化浪潮席卷全球的当下，平台经济作为其显著的产物，已经成为推动经济发展、塑造市场格局的重要力量。不同于传统的线性业务模型，平台经济通过构建多边市场，利用技术手段连接不同的利益相关者，如供应商、消费者、服务提供商等，形成了一种新型的商业生态系统。本节将对平台经济的概念内涵进行深入剖析，探讨其核心特征，审视我国平台经济的发展脉络，同时通过与美国平台经济的比较，揭示不同经济体在平台经济发展上的异同和各自面临的挑战与机遇。

平台经济的核心在于其能够有效内部化网络的外部性，即平台上的每一位新增用户都能为其他用户带来额外的价值，从而形成正反馈效应，推动平台快速成长。这一点在诸如社交网络、在线市场、共享服务等多种平台模式中体现得尤为明显。此外，平台经济还具有显著的规模经济特征，能够通过数据积累和分析，为用户提供更加个性化、高效的服务，从而在竞争中获得优势。

我国平台经济近年来发展迅速，不仅在数量上有了大幅增长，更在质量和影响力上实现了飞跃。从电子商务到移动支付，从在线教育到智慧物流，无不体现出我国平台经济的活力和创新能力。政府对数字经济的大力支持、庞大的互联网用户基数、活跃的创业氛围等因素共同推动了我国平台经济的蓬勃发展。然而，同质化竞争激烈、国际市场开拓不足、监管法规有待完善等问题也日益凸显，需要我们给予足够的关注和思考。

中美两国在平台经济领域的对比揭示了他们在发展模式、市场条件及政策指导原则上的显著区别。美国平台巨头，如亚马逊、谷歌、Meta（原名 Facebook），凭借其技术创新能力和国际市场拓展的强势策略，在全球舞台展现了显著的竞争优势和深远影响。相比之下，中国平台经济的特色在于对本土市场的深度挖掘及生态系统构建，通过有效整合上下产业链资源，打造出具有中国特色的平台经济生态系统。这些差异性特征根植于两国各异的经济结构、工业基础，同时也深刻反映了双方不同的文化传统、消费者行为偏好，以及独特的政策与法规框架。

展望未来，平台经济将继续在全球经济中发挥越来越重要的作用。对我国而言，如何在保持创新活力的同时，解决平台经济发展中存在的问题，构建更加开放、公平、有序的市场环境，是推动高质量发展的关键。通过深化改革，完善法规，加强国际合作，我国平台经济无疑将迎来更加广阔的发展空间，为经济社会的全面进步作出更大贡献。

一、平台经济的概念及其特征

平台经济通常可以理解为一种经济模式，平台在其中扮演着核心中介角色，不仅物理上连接供应商、消费者和服务的两端，更重要的是在信息交流、资金流通、信誉构建等多个维度上促进双方或多方的有效互动。中国信息通信研究院对于平台经济的定义是"平台经济是以平台企业为核心，通过汇聚整合多类市场主体和资源，围绕数字化平台组织起来的新模式新业态"。[①]

平台经济产生于大数据背景下，是依托现代网络数字技术进行资源配置的新经济形式。随着互联网技术的发展，平台所涉及的方面越来越广泛，小到个人、大到国家，都涉及平台交易。由此可见，平台对产业经济的发展产生了巨大影响，尤其是近年来平台经济快速发展，已成为全新的经济形态，其影响力不断增加，逐渐成为优化社会资源配置的中坚力量。

平台经济作为数字化时代最具影响力的商业模式之一，其核心在于重塑了市场参与者之间的连接方式，引入了基于网络的多边互动机制。接下来将聚焦于探讨平台经济的四大关键特性：高度的连接性、网络效应、数据驱动的决策能力以及平台的开放性与可扩展性。这些特性共同塑造了平台经济的竞争优

---

① 中国信息通信研究院：《中国数字经济发展白皮书（2020年）》。

势和价值创造力，使其成为推动全球经济创新和增长的重要力量，在科技进步与市场需求持续演进的双重作用下，平台经济的影响力边界将进一步拓宽，为不同行业领域带来深刻的转型契机与崭新的增长点。

1. 高度的连接性

平台经济的首要特性是其连接性。在传统的市场中，供应商和消费者之间的交互通常是线性的、双边的。但在平台经济中，这种交互变得更为复杂和多元。技术平台作为中介，连接了不同的用户群体，如供应商、消费者、服务提供者和服务接受者。这种连接性使得资源、商品和服务能够更高效地分配和交换。电商平台已经深深地连接了数亿的供应商和消费者。这种连接性使得商品和服务能够更高效地分配和交换，为消费者提供了前所未有的便利。例如，农民可以直接在直播平台上销售农产品，消费者则可以直接从产地购买新鲜的农产品。

2. 遵循梅特卡夫定律带来的网络效应

网络效应是指随着平台上的用户数量增加，每个用户从平台上获得的价值也会增加。这导致了一个正反馈循环，使得平台越来越有吸引力。正如梅特卡夫定律，即一个网络的价值等于该网络内节点数的平方，且网络价值与用户数量的平方成正比。联网用户越多，每户价值就越大。社交媒体平台上的用户数量越多，新用户加入的意愿就越大，因为他们可以在平台上与更多的人建立联系。

这种效应不仅巩固了平台的竞争壁垒，还开辟了广阔的市场发展空间。正因如此，众多新兴平台企业在其发展的初级阶段便不惜重金投入用户获取策略，旨在快速触发网络效应的正向循环。他们深知，一旦成功构建起由网络效应驱动的用户基础，即可在激烈的市场竞争中夺得先机，确立难以撼动的市场领导地位。

3. 数据驱动

在平台经济中，数据是无价之宝。平台企业通过精心构建的数据收集机制，详尽的数据分析流程，以及高效的数据应用策略，深度挖掘了数据的内在价值。这一系列操作使平台能够精准捕捉并解析用户的多元化需求，促进了服务体验的持续优化与升级，确保了个性化推荐系统的高度精确性，进一步增强了对市场动态的预判能力。以电子商务平台为例，该类平台能巧妙利用先进的数据分析工具，对用户的购买历史、浏览模式乃至停留时间等多维度数据展开深度剖析。基于这些宝贵的洞见，平台能够定制出近乎"一对一"的商品推荐方案，大幅度提升用户的购物满意度与交易转化率，从而在激烈的市场竞争中脱颖而出。通过对海量数据的综合研判，平台企业能够敏锐捕捉行业风向标，前瞻未来市场趋势，为制定科学合理的营销战略、抢占市场先机奠定坚实基础。总而言之，数据已成为平台经济中驱动智慧决策、引领创新实践的核心要素。

4. 开放性与可扩展性

许多蓬勃发展的平台企业之所以能够屹立潮头，关键在于它们深刻践行了开放性和可扩展性的理念。这是一种对第三方合作者开放门户的姿态，更是一种主动吸纳、激励外部力量参与平台生态建设，共同提供多元化服务与产品的战略选择。通过这样的机制设计，平台不仅能够灵活调整自身结构，快速响应市场环境的风云变幻，还能够不断拓宽服务的广度与深度，吸引更多用户群体加入，实现用户基数的指数级增长。

以滴滴出行为例，它从一个单纯的网约车服务平台起步，凭借其强大的开放性与可扩展性设计，逐步纳入了自驾车租赁服务、共享单车等多种出行解决方案，成功转型为一站式综合出行服务平台。这一过程生动展现了开放平台如何通过不断吸纳新服务、新产品来适应市场需求的微妙变化，同时精准对接并丰富用户的多样化、个性化需求。

开放性与可扩展性，加之对数据的有效利用，共同构成了平台经济区别于传统商业模式的核心竞争力与独特价值。随着科技迭代加速和全球市场环境的持续演进，平台经济无疑将踏入更加宽广的发展轨道，既为中国乃至全球经济的转型升级注入新鲜活力，也带来了前所未有的机遇与挑战。未来，如何在保障用户权益、促进公平竞争的同时，充分挖掘并释放平台经济的潜力，将是社会各界共同面临的重大课题。

二、平台经济的类型

在探讨平台经济的深刻影响和广泛应用之前，了解其多样化的类型和分类方法是至关重要的。平台经济不是一个单一的概念，而是包括了一系列根据其组织功能、连接对象及网络外部性模式等不同维度划分的类型。这种分类不仅有助于我们更精细地理解平台经济的内在机制，也为评估不同平台的市场策略和潜在价值提供了清晰的框架。通过深入分析平台经济的这些类型和分类方法，我们不仅能够更全面地把握平台经济的多样性和复杂性，也能更准确地评估不同平台在市场中的定位和战略价值。这对于企业制定发展策略、政府制定政策法规乃至个人选择服务平台都具有重要的指导意义。随着数字技术的不断进步和市场需求的持续演变，平台经济将继续以更加丰富多彩的形态出现在我们的生活和工作中，为社会经济的发展带来更多的活力和创新。

（一）按照平台组织的功能划分

平台经济作为数字时代的产物，正日益成为全球经济的重要驱动力。根据平台组织的功能，平台经济可细分为三个主要类型，并各自在市场中扮演着独特而关键的角色。

第一类型的平台主要致力于促进产品和服务的流通。这类平台通过搭建一个虚拟的市场空间，使得供应商和消费者能够跨越地理和时间的限制，进行交易。例如，电子商务平台如亚马逊和淘宝，为广大消费者提供了一个海量的商品池，从而极大地丰富了消费者的选择。此外，这类平台还包括如苹果的 App Store 等应用程序市场，以及如滴滴出行这样的服务提供平台，它们通过提供平台服务，简化了交易流程，降低了交易成本，从而促进了市场效率的提升。

第二类型的平台则更侧重于便利社交和信息的传递。社交媒体平台如微信和脸书，提供了一个免费的社交网络空间，使人们能够方便地分享信息、保持联系，并构建社交圈。搜索引擎如谷歌和百度，则通过汇聚和整理海量的网络信息，满足用户的信息检索需求。这类平台通常通过展示广告来获得收入，而广告主则能够利用这些平台的庞大用户基础和精准的用户数据，实现有效的市场推广。

第三类型的平台则专注于为平台经济的运行提供必要的硬

件和软件支持。这类平台背后的企业,如提供云计算服务的阿里云、提供云存储服务的七牛云,以及提供各类开发工具和应用程序接口的企业,为平台经济的其他参与者提供了强大的技术支撑。这些基础设施平台通过提供稳定、可靠的服务,使得其他类型的平台能够专注于自身的核心业务,从而共同推动整个平台经济的繁荣发展。

总之,这三类平台经济的不同类型,从促进交易的中介平台、提供社交和信息服务的平台,到支持平台运行的基础设施平台,共同构成了一个复杂而高效的生态系统。在这个系统中,各类平台相互依赖、相互促进,共同推动了经济的创新和增长,也为消费者和企业带来了前所未有的便利和机遇。随着技术的不断进步和市场需求的日益多元化,平台经济的各个领域都将持续发展和演进,塑造出更加多元和丰富的数字经济新格局。

(二)按照连接对象划分

国家市场监督管理总局针对我国平台经济的快速发展与多元化特征,提出了一套全面而细致的分类体系。该体系不再局限于传统的按功能划分的方法,而是创新性地依据平台所连接的对象及其核心服务内容,将平台经济细分为六大类别,以此来更精准地描绘我国平台经济的生态图谱。即网络销售类平台、生活服务类平台、社交娱乐类平台、信息资讯类平台、金融服务类平台、计算应用类平台,[①] 见表4-1。

---

① 《互联网平台分类分级指南(征求意见稿)》,国家市场监督管理总局网,https://www.samr.gov.cn/hd/zjdc/art/2023/art_c0086d02fcc544ea9506c997b3ac93c1.html。

表4-1 我国平台经济的生态图谱

平台类别	连接属性	主要功能	典型代表
网络销售类平台	连接人与商品	交易功能	天猫、淘宝、京东
生活服务类平台	连接人与服务	服务功能	曹操出行、58同城
社交娱乐类平台	连接人与人	社交娱乐功能	微信、抖音
信息资讯类平台	连接人与信息	信息资讯功能	今日头条
金融服务类平台	连接人与资金	融资功能	支付宝
计算应用类平台	连接人与计算能力	网络计算功能	阿里云

第一类，网络销售类平台，主要构建买家与卖家之间的连接，为在线购物和交易提供空间，如电商网站和在线市场。它们以电商网站和在线商城等形式存在，通过优化购物流程、汇集海量商品选项，并植入用户评价机制，为在线交易注入活力，极大提升了消费的便捷性和效率。这类平台是电子商务领域迅猛增长的关键驱动力，深刻改变了人们的购物习惯，使之更加灵活和快捷。

第二类，生活服务类平台，集中于提供包括外卖、打车、家政服务、旅游预订在内的日常服务。这些平台通过整合本地服务资源，不仅提高了服务效率，还极大提升了生活便捷性。

第三类，社交娱乐类平台，提供社交互动和娱乐内容的平台，涉及社交网络、在线视频、音乐、游戏等多种服务。这类平台通过丰富多样的内容和社交功能满足了人们的社交和娱乐需求，推动了数字文化产业的发展。

第四类，信息资讯类平台，以提供新闻、资讯和知识分享为主要功能，帮助用户筛选有价值的内容。这些平台利用个性化推荐等技术，使获取高质量信息变得更加高效和便捷。

第五类，金融服务类平台，集成包括在线支付解决方案、

P2P借贷服务、保险产品选购、投资理财工具等多元化的金融服务于一体。这些平台通过高度集成的服务和简化的操作流程，不仅有效削减了传统金融服务中的时间和成本，还促进了金融科技领域的突破性进展，引领了一场金融服务民主化和个性化的革命。

第六类，计算应用类平台，为不同规模的企业与开发者赋能，支持其在云计算能力、大数据分析、人工智能技术等领域的需求。这些平台通过高效率的资源配置与尖端的技术工具，降低了技术创新的门槛，加速了各行业的数字化转型步伐，成为激发新业务模式、优化运营流程、推动社会整体生产力飞跃的关键催化剂。

（三）基于网络外部性发挥作用的模态划分

平台经济依据网络外部性的作用强度、业务范围的多元化水平，以及对参与者赋能的能力，可被细分为三种主要形态：双边平台、多边平台和平台生态。

双边平台是指连接两个不同用户群体（如买家和卖家、乘客与司机）的平台，其核心价值在于减少交易成本并促进双方的有效匹配。这类平台的网络外部性尤为明显，一方用户的增加会直接吸引另一方更多用户的加入，形成正反馈循环。例如，电商平台通过聚集大量卖家吸引买家，反之亦然，彼此间的相互依赖促进了平台的整体增长。

多边平台则是在双边平台的基础上进一步拓展，连接三个或以上不同用户群体，形成了更为复杂的交互网络。多边平台的特征在于其能够促成更多样化的交互与合作，如社交媒体平台既连接内容创作者与观众又整合广告商与目标用户，甚至还有数据分析服务商等多方参与，创造了一个多维度的价值交换空间。多边平台通过满足多元用户群体的特定需求，展现出更强的网络效应和更广泛的影响面。

平台生态则代表了一种更为高级的组织形态，它借助生态治理的力量，实现了多业务间的协同发展，并对实体经济进行了全方位的赋能。在这一模式下，不同的平台和业务不再是孤立运作，而是通过数据、技术和资源的共享，形成了一个相互支持、共同成长的生态系统，极大地增强了整个经济体的创新能力和竞争力。平台生态不仅整合了多边参与者的互动，还通过开放 API、共享数据资源、提供开发工具等方式，鼓励第三方开发者和服务提供商加入，共同创造出丰富多样的应用与解决方案。像苹果的 iOS 系统、阿里巴巴的商业生态系统等，都是通过构建闭环的、自我增强的生态环境，实现了用户黏性、服务创新与商业价值的最大化。

不同类型的数字平台通过其独特的作用机制，在降低市场搜寻成本、增强交易信任和推动协同发展等方面发挥了关键作用，为数字经济的高质量发展提供了坚实的支撑。在数字经济的大潮中，理解和把握这些平台的特性和作用，对于促进经济的转型和升级具有重要意义。

三、中国平台经济发展现状

中国的平台经济始于 21 世纪初，现已成为全球数字经济不可或缺的组成部分。最初，中国的平台经济主要模仿西方的商业模式，最为标志性的是 1999 年成立的阿里巴巴公司及其下属的电商平台淘宝网，后者一开始是以模仿美国 eBay 的商业模式运作。得益于中国经济的快速增长、庞大的人口基数及技术创新的推动，中国的平台经济不仅迅速追赶西方发展的脚步，更实现了在某些领域的原创性创新。

根据公开统计数据，2023年美国的数字平台市场总价值为6.65万亿美元，占全球市场总量的74.1%，而中国以2.02万亿美元的市场价值紧随其后，占全球总量的22.5%。这一数字显著表明，中国平台经济已经站在了世界经济的前沿。平台经济，作为一种通过互联网平台将各种商业主体如企业、消费者、供应商及服务提供商等紧密连接起来的经济模式，已在创新驱动、促进经济增长、扩大市场需求、增加就业机会等多个方面显示出其独特的引领作用。此外，它也为实体经济的转型升级提供了强大的动能，成为推动经济结构转型和升级的关键力量。

中国信息通信研究院的报告进一步证实了这一趋势。报告指出，从2015年至2022年，中国数字平台的市场价值从4.97万亿元增长至33.43万亿元，显示出年均复合增长率高达32.92%的惊人增速。到2022年底，中国拥有市场价值超过10亿美元的数字平台企业数量达到254家，较2015年增加了190家。这一数据不仅展示了中国平台经济的快速成长，同时也强调了平台经济在促进市场流通、畅通经济循环、推动实体经济持续健康发展中的核心作用。

四、当前中国平台经济发展与美国相比仍有差距

近年来，中国的数字经济迅速发展取得了显著的成绩，在规模方面已经连续多年稳居全球第二位。尽管中国数字经济的整体表现令人瞩目，但与美国相比，仍存在差距。

一是规模和市值差距。根据普华永道发布的"2023全球市值100强上市公司"排行榜，全球市值前十名的企业中有5家均为平台型企业，且全部是美国的企业。在这个榜单中，中国的平台型企业公司仅有2家，分别是第11名的腾讯和第32名的阿里巴巴（见表4-2）。截至榜单发布时，两家的市值总和占苹果公司市值的27.8%。

表4-2 2023年全球市值前10名和第11、第32名企业

排名	企业	股票市值（亿美元）	领域	平台型
1	苹果	26090	科技	是
2	微软	21460	科技	是
3	沙特阿美	18930	能源	否
4	Alphabet	13300	科技	是
5	亚马逊	10580	消费	是
6	英伟达	6850	科技	否
7	伯克希尔	6760	金融	否
8	特斯拉	6590	汽车	否
9	Meta	5500	科技	是
10	维萨	4640	金融	否
11	腾讯	4620	科技	是
32	阿里巴巴	2640	科技	是

数据来源：普华永道（PwC）

二是平台核心技术差距。在技术创新和研发投入方面，美国平台企业长期保持全球领先地位，这一优势源于其强大的创新体系和庞大的研发投入。美国的科技巨头如谷歌、亚马逊、微软等，不仅在全球市场上拥有巨大的影响力，也是全球技术创新的重要引擎。这些企业通过持续的研发投入，推动了人工

智能、云计算、大数据等前沿技术的发展，不断刷新着行业的技术边界。美国平台企业在技术创新上的领先地位得益于其坚实的科研基础和灵活的创新机制。美国的高等教育和科研机构在全球享有盛誉，为科技企业提供了源源不断的人才和技术支持。同时，美国政府对科研创新的大力支持，以及企业间开放合作的创新文化，也极大地促进了新技术的孵化和应用。相比之下，尽管中国近年来在技术创新和研发投入方面取得了显著进步，特别是在移动互联网、电子商务等领域展现出了强大的市场活力和应用创新能力，但在核心技术和原始创新方面仍存在一定的差距。中国平台企业在人工智能、云计算等关键技术领域虽然正迅速追赶，但与国际领先水平相比还有一定的差距。研发增速同比保持上升。2022年，全球市值前十名的平台企业研发费用总计达2260亿美元，研发增速同比上升1.6个百分点至24.8%。平均研发强度（研发费用与企业总营收比值，平均研发强度为十家企业研发强度平均值）为12.2%，同比增长15.1%。其中，10家平台企业有6家来自于美国，4家来自于中国。6家美国平台企业平均研发费用为341.7亿美元，同比增长28.3%，平均研发强度为14.6%；4家中国平台企业平均研发费用52.4亿美元，同比下降1.4%，平均研发强度为8.7%。中美对比来看，美国平均研发投入是中国平台企业的6.5倍，研发强度约为中国的2倍。可见，中国企业研发投入与美国相比仍存在较大差距。

三是发展的基础支撑差距。基础支撑作为平台经济发展的重要基石，尤其是在云计算等关键技术领域，中国与美国之间存在显著的差距。中国信通院2022年的数据揭示了这一现状：

在算力结构中,美国云计算的占比超过60%,欧洲超过50%,而中国仅为28%。这一差距在云服务市场的竞争中体现得尤为明显。以2021年为例,美国的头部云厂商——微软云、亚马逊和谷歌云的营收规模分别是阿里云的6.6倍、5.5倍和1.7倍。到了2023年上半年,这一差距更是扩大到了11.1倍、8.2倍和2.9倍。这一差距的扩大反映了中国在云计算等基础技术支撑方面面临的挑战。首先,美国云服务厂商凭借其技术创新能力、成熟的市场环境及全球化的业务布局,在国际市场上占据了领先地位。其次,美国的技术生态系统更为完善,高校、科研机构和企业之间形成了紧密的创新合作网络,为云计算等技术的发展提供了持续的动力。最后,美国政府对于科技创新的支持政策,如税收优惠、研发资金补贴等,也为云计算等基础技术的发展创造了有利条件。

中美大型互联网平台差距背后的原因既与中国互联网平台发展模式密切相关,也有监管方式的因素,还有国际环境的影响。

第一,市场环境与用户行为的不同。美国作为互联网和数字技术的早期开发者和应用者,其市场环境和用户行为在多个方面与中国存在显著差异。首先,美国的互联网普及起步较早,互联网文化深入人心,消费者对线上服务的接受度普遍较高。美国用户在互联网的使用习惯、在线购物、数字支付等方面积累了丰富的经验,形成了成熟稳定的消费模式和市场预期。这为平台经济的发展提供了坚实的用户基础和市场环境。相比之下,尽管中国的互联网用户数量庞大,近年来互联网普及速度极快,但总体上看,中国互联网市场的成熟度仍处于快速发展阶段，用户的在线消费习惯、信任度及对新兴服务的接受速度正在逐步形成和提高。其次，美国用户对于互联网平台提供的产品和服务有较高的质量预期和服务要求。美国的消费者不仅注重产品的性能和质量，也越来越看重服务的个性化、便捷性和体验感。这驱使美国的平台企业不断优化用户体验，提升服务质量，以满足消费者的高端需求。而中国的平台经济虽然在满足大众需求、提供便捷服务方面取得了显著成就，但在服务深度、个性化体验方面仍有进一步提升的空间。此外，文化差异也是影响两国平台经济差距的一个重要方面。美国的互联网文化倾向于开放、分享和创新，这种文化背景促进了创新思维的形成和新技术、新模式的快速发展。相比之下，中国虽然在推动创新方面取得了显著进展，但在某些方面仍受到传统观念和文化习惯的影响，这在一定程度上影响了用户对于新兴平台服务的接纳速度和创新产品的市场推广。

第二，在国际化程度方面，中国平台经济相较于美国存在一定的差距。尽管中国的一些平台企业在国内市场取得了显著的成功，并且在技术创新方面也得到了国际市场的认可，但它们在全球市场的影响力、品牌认知度及跨境业务的拓展能力上仍有所不足。美国的亚马逊、Meta 和谷歌等顶尖平台企业，由于其早期确立的国际化战略和全球化视野，已经在全球范围内建立了广泛的用户基础和深远的市场影响力，其产品和服务几乎遍布世界每一个角落。中国平台企业在国际化过程中面临的主要挑战包括文化差异、国际市场的竞争压力及法律法规的复杂性。文化差异意味着中国企业在进入新市场时必须进行充分的本地化适配和调整，以符合不同地区用户的消费习惯和价值观。此外，国际市场的竞争非常激烈，中国平台企业往往需要面对本土企业和其他国际大公司的强烈竞争，这考验了企业的市场策略和产品服务的竞争力。同时，国际化运营中遇到的法律法规和政策环境的不确定性，特别是在数据安全和用户隐私保护等方面，也给中国平台企业带来了额外的运营成本和合规风险。

第三，中美互联网平台的产业竞争逻辑不同。中美两国互联网平台的产业竞争逻辑存在根本差异。美国的互联网巨头如亚马逊、谷歌和苹果，通常采取行业垂直深耕的策略。这意味着它们专注于在一个或几个领域深入发展，力求在这些领域实现技术创新和市场领先。例如，亚马逊在电子商务领域持续扩大其市场份额，而谷歌则在搜索引擎市场保持其领导地位。这种策略使得美国的互联网企业能够在全球范围内建立起强大的品牌认知度和市场支配力。与此相反，中国的互联网平台如阿里巴巴和腾讯，采取了更加多元化和横向竞争的策略，形成了所谓的超级平台模式。这些平台不仅涉足传统的互联网服务，还广泛进入金融、娱乐、教育等多个行业，形成了一个封闭且完整的生态系统，力图在各个领域形成市场垄断。例如，微信不仅是一个社交平台，还集成了支付、购物、游戏等多种服务，成为一个全渠道的数字生态系统。这种策略使得中国的平台经济在用户使用时间上呈现出高度的集中，如腾讯系和字节跳动系所占的市场份额。通过比较中美互联网平台的竞争逻辑，我们可以看到，虽然两国平台均利用了互联网技术的优势，但其业务扩展策略和市场影响力的形成机制存在显著差异，这些差异不仅影响了各自的市场结构，也对全球互联网经济的格局产生了深远影响。

第二节　平台经济对经济的推动作用机制

通过加速信息流通、优化资源配置、促进创新驱动发展及创造就业机会，平台经济为我国经济的增长和社会的和谐稳定提供了坚实的支持。

一、降低交易成本

首先，平台经济在降低中介费用方面的作用。传统的交易往往依赖于中介机构，如经纪人或代理人，而这些中介在交易过程中通常会收取一定的费用。然而，随着在线平台的出现，买家和卖家能够直接相连，大大减少了对中介的需求，从而降低了交易成本。这种去中介化的趋势不仅降低了交易的成本，也提高了交易的效率，使得市场运作更为流畅。

其次，搜索成本的降低是平台经济带来的重要好处。在传统市场中，消费者往往需要投入大量时间和精力来寻找满意的商品或服务。而在线平台通过提供搜索引擎和过滤机制，使消费者能够快速准确地找到所需的商品或服务。这不仅大大节省了消费者的时间，也降低了交易的搜索成本，使得市场交易更为便捷高效。

再次，信息透明度的提高是平台经济的重要贡献之一。传统市场中，信息的不对称是常见的问题，消费者往往难以获得完整的产品信息，而供应商也难以准确了解市场的需求。而在线平台通过提供大量的产品信息、用户评价和比较购物工具，大大提高了市场的信息透明度。这使得消费者和供应商能够更好地了解市场信息，降低了信息获取的成本，也为市场的健康发展提供了有利条件。数字化和自动化技术的应用是平台经济降低交易成本的另一重要方式。在线平台通过自动化的订单处理、支付和物流安排，简化了交易流程，降低了交易处理的时间和成本。数字化的流程也减少了人工错误和延误的可能性，使得交易更为精准高效。这种数字化和自动化的交易方式不仅降低了交易成本，也为市场活动提供了有力支持。

最后，规模经济的实现是平台经济的另一重要特点。在线平台通过聚合大量的买家和卖家，实现了规模经济，降低了单位交易的成本。同时，大规模的用户基础也使得平台能够通过大数据分析优化其服务，进一步降低交易成本。这种规模经济的效应不仅为消费者和商家提供了更为低廉的交易成本，也为市场的长期发展提供了有利条件。合同执行和争议解决的简化也是平台经济降低交易成本的重要方面。一些平台提供了智能合约和在线争议解决机制，简化了合同执行和争议解决流程，降低了法律和合规成本。这种简化的流程不仅降低了交易成本，也为市场活动的便利提供了有力支持。

二、提高全社会资源配置效率

平台经济利用先进的技术和数据分析，实现了资源分配与使用的智能化优化。这种优化不仅体现在对市场响应的速度上，更体现在深度理解与预测市场趋势的能力上。通过实时数据分析，平台经济能够动态感知市场波动和消费者偏好的微妙变化，及时作出调整，确保供应链的高效运转，减少不必要的资源闲置和浪费。例如，快时尚电商平台利用实时数据分析捕捉到某款商品的热销信号时，能够立即采取行动，调整库存和生产计划，既满足了市场需求，又避免了库存积压的风险。

在此基础上，结合历史数据和前沿的机器学习技术，平台经济进一步提升了预测市场的精度，为商家提供强有力的决策辅助工具。京东运用大数据和机器学习构建的预测模型，能够准确预测商品销售趋势和消费者行为，指导商家制定更为精准的库存管理和市场营销策略，最大化资源利用效率，减少因决策失误导致的成本损失。

此外，平台经济还深入挖掘个体用户的行为习惯和偏好，推动个性化服务的普及。以网易云音乐为例，该平台通过分析用户的听歌记录和音乐喜好，利用算法生成个性化的音乐推荐，如"每日推荐"等功能，极大地提升了用户体验，增强了用户黏性。这种个性化服务不仅满足了消费者对内容的定制化需求，也促进了平台与用户之间更为紧密的互动，为平台经济增添了新的价值维度。

三、扩大从业人员包容性，拓宽新职业领域

平台经济的崛起确实为社会就业结构带来了深刻的变革，创造了多样化的就业机会，特别是在数字经济背景下，这一趋势尤为明显。以美团为例，其提供的数据显示，平台经济不仅规模庞大，而且在促进就业、特别是农村劳动力转移方面发挥了重要作用。通过为大量来自县域乡村地区的人员提供工作机会，平台经济成为连接城乡、助力乡村振兴的重要力量。这一

模式不仅增加了农村劳动力的收入来源，还促进了人力资源的优化配置，有助于缓解地区间的发展不平衡问题。单就美团一家平台企业，在2022年为624万名骑手提供了收入，其中81.6%的骑手是来自县域乡村地区的农村转移劳动力，28万人来自国家乡村振兴重点帮扶县。[①]

平台经济的发展还催生了一系列全新的职业路径，如平台运营、数据分析和社区管理等，这些职位要求从业人员具备一定的数字技能和互联网思维，反映了数字经济时代对新型人才的需求。这类职业的出现，不仅丰富了就业市场的多样性，也为寻求职业转型和个人发展的劳动者开辟了新通道。

平台用工模式的灵活性和包容性，是其能够吸引广泛就业人群的关键。它打破了传统就业中对时间和地点的严格限制，使得无论是需要灵活安排时间的兼职人员，还是寻求全职工作的求职者，都能在平台上找到适合自己的岗位。这种模式不仅覆盖了体力劳动岗位，同时也为拥有特定知识技能的专业人士提供了展示才华的舞台，体现了对各类劳动者的全面包容。

平台经济通过创造新型就业机会、推动就业结构多样化、促进劳动力流动和提升就业市场的灵活性，正逐步成为推动经济社会发展和促进包容性增长的重要动力。未来，随着技术的不断进步和平台经济的持续深化，预计还将有更多创新的就业形态和职业领域涌现，为全球劳动力市场带来更大的活力和可能性。

---

① 《美团发布2022年骑手权益保障社会责任报告：624万骑手通过美团获得收入》，美团网，https://www.meituan.com/news/NN230322001054486。

四、唤醒消费欲望，驱动消费新模式

在数字经济时代，平台经济的作用不仅限于连接买卖双方，它们已经变成了推动服务消费和内需增长的关键枢纽。根据《平台社会经济价值研究报告》，平台通过几种关键的效应——链接效应、信任效应、赋能效应和创新效应，有效地加强了供需双方的互动，从而促进了消费的高效循环。这些效应不仅优化了资源配置，还提高了市场的整体效率，使得消费者能更快地找到所需商品或服务，同时帮助商家扩大了市场接触和销售范围。

在促进信任消费方面，数字平台起着至关重要的作用。在传统市场中，消费者和商家之间常常因为信任不足而难以达成交易。现在，通过如支付宝这样的平台，利用芝麻信用等服务，建立了一种有效的信任机制。这种机制不仅降低了交易双方的不确定性，还加快了交易流程，增加了交易的透明度和安全性。例如，通过芝麻信用提供的信用评分和信用历史，消费者和商家可以迅速评估对方的信用状况，从而作出更快速和更安全的交易决策。

此外，互联网平台还不断通过技术创新推动消费模式的变革，如使用大数据、人工智能来精准匹配消费者需求和商家供给，以及通过虚拟现实和增强现实技术提升购物体验。这些技术的应用不仅增强了消费体验，还激发了新的消费需求，进一步扩大了消费市场的规模和深度。

五、促进市场竞争，推动供给侧结构性改革

平台经济通过汇聚大量的供应商和消费者，形成了庞大的

网络规模，这种规模经济的效应使得平台能够降低交易成本、提高效率，并通过规模的扩大实现更高的市场渗透率。这不仅使得原有的市场参与者能够获得更大的市场空间，也为新的市场参与者提供了进入市场的机会，从而增加了市场的广度。

平台经济的兴起与发展已经改变了传统的商业和服务模式。它通过整合来自不同行业和领域的资源与服务，实现了前所未有的跨界融合和业务多元化。例如，一个电子商务平台可能会涉及零售、金融服务、物流和数据分析等多个领域，每一个领域的资源整合都能够带来新的商业机会和增长点。这种范围经济的效应允许平台经济通过规模的扩大来降低单位成本，同时提供更加丰富多样的产品和服务。这样的供给多样性不仅更好地满足了消费者日益增长的个性化和多样化需求，还推动了市场的深度发展。随着消费者需求的不断变化和升级，平台经济能够迅速调整其服务和产品组合来应对市场变动，从而保持竞争力。此外，平台经济的这种多元化供给策略也为供给侧结构性改革提供了新的方向和动力。它推动了资源的优化配置和高效利用，促进了产业升级和经济结构的优化。例如，通过数据分析和市场洞察，平台可以更准确地预测市场趋势和消费者偏好，从而指导生产更符合市场需求的产品，减少资源浪费，并提高整个供应链的效率。

更为重要的是，平台经济通过构建开放的生态系统，促进了不同市场主体之间的网络效应（正如前文提到的梅特卡夫定律）。这种效应使得平台上的每一个新增用户或服务都能为其他用户或服务带来额外的价值，形成正反馈循环，从而增强平台的竞争力和市场吸引力。这种基于网络效应的竞争模式不仅加剧了市场竞争，也促进了市场效率和创新能力的提升，为供给侧结构性改革注入了新的活力。

第三节　平台经济面临的挑战

平台经济已经成为推动中国数字化和产业化进程的一个核心力量。通过提供创新的技术解决方案和服务，平台经济极大地促进了传统产业的数字化转型，帮助这些产业在全球竞争中占据优势。例如，通过大数据分析、云计算和人工智能等技术，平台经济帮助传统制造业优化生产流程、提高生产效率，从而实现产业升级。

然而，平台经济的迅猛发展也带来了一系列问题和挑战。资本的无序扩张往往导致市场垄断现象，削弱了市场的公平竞争环境。同时，平台信息的大规模泄露问题也日益严重，这不仅威胁到用户隐私安全，也影响了公众对平台企业的信任度。此外，随着越来越多的平台企业涉足金融服务，如支付、贷款等，相应的监管问题也变得越发复杂。

一、国内业务同质化竞争

在我国平台经济的快速发展过程中，同质化竞争的加剧成为一个不容忽视的挑战。这一现象主要表现为市场中相似平台和服务的泛滥，导致企业间的差异化优势减弱，市场竞争日趋激烈而缺乏实质性的创新。

同质化竞争的原因在于市场准入门槛的降低。随着互联网技术的普及和成本的下降，越来越多的创业者和企业能够以较低的成本进入平台经济领域。然而，由于对市场和行业深入理解的缺乏，很多新进入者往往选择模仿已有的成功模式，而不是创新解决市场需求，导致市场上出现了大量功能和服务高度相似的平台。

同质化竞争导致的直接后果是价格战的爆发。在服务和产品高度相似的情况下，价格成为吸引用户的主要手段之一。企业为了争夺市场份额，往往不惜降低价格，甚至出现亏本销售的情况。这种竞争方式不仅压缩了企业的利润空间，还可能破坏正常的市场秩序，影响行业的长期健康发展。

同质化竞争还抑制了行业创新。当市场上充斥着大量相似的产品和服务时，企业间的竞争焦点往往集中在价格和营销上，而非产品和服务的创新。这种短视的竞争策略虽然可能在短期内吸引用户，但无法为企业赢得持久的竞争优势，更难以满足消费者日益多样化和个性化的需求。

我国前五大互联网企业主要业务重合度较高，阿里巴巴、京东、拼多多均以电商为主要业务，阿里巴巴也涉足美团的主要业务——本地生活。在国内用户规模见顶的背景下，同质化竞争导致互联网巨头相互跨界竞争，社区团购等亏损率较高的新业务无序扩张，巨额补贴抢夺用户流量，对利润水平造成不利影响。互联网企业跨界竞争一方面有利于提升服务质量、增加选择，但也可能导致企业为抢占市场过度投入，以及佣金费率难以提升等，不利于企业盈利。

二、国际市场开拓不足

国际市场的拓展对于我国平台经济的成长至关重要，然而，在全球化进程中，我国平台经济面临着不少挑战。要想在国际舞台上取得成功，就必须深入理解并有效应对这些挑战。

文化差异是我国平台企业在国际市场拓展过程中的一大障碍。不同国家和地区拥有各自独特的文化背景、消费习惯和用户需求。一个在国内市场非常受欢迎的产品或服务，在海外市场可能就不那么吸引人，甚至可能因为不符合当地文化习俗而遭到抵制。因此，平台企业在国际化进程中必须进行深入的本地化策略研究，从产品设计、服务内容到营销策略都需要充分考虑到目标市场的文化特性。

遵循国际法律法规也是一个复杂而关键的挑战。各国对于互联网平台的监管政策大相径庭，从数据保护、用户隐私到知识产权保护等方面都有严格的法律要求。平台企业在进入新的国际市场时，必须详细了解并严格遵守当地的法律法规，否则可能会面临法律诉讼、罚款甚至被禁止经营的风险。字节跳动的 TikTok（抖音海外版）就是一个鲜明的例子。作为一款在全球范围内广受欢迎的短视频平台，TikTok 在欧美市场的发展面临了严峻挑战。TikTok 不仅加强了与欧盟《通用数据保护条例》（GDPR）的合规性，还在欧洲设立了数据中心，以增强用户对其数据处理方式的信任。

从市场覆盖范围来看，我国前五大上市互联网企业主要市场均在国内，对国际市场开拓较少。国际化程度不高导致我国头部互联网企业流量增长已趋于饱和。2023 年微信月活用户数为 13.36 亿，而脸书月活用户数为 29.89 亿，是微信的两倍。与此同时，高度依赖国内市场使我国互联网企业更易受新消费市场持续低迷及数据合规安全、反垄断处罚等政策调整的影响。

三、监管规范不完善

我国平台经济的蓬勃发展，在为经济增长和社会进步贡献巨大动力的同时，也面临着监管规范尚不完善的挑战。这一挑战的核心在于，随着平台经济商业模式的不断创新和演进，现有的监管框架难以及时有效地适应这些变化，导致在实际监管中出现法律真空或适用困难的情况。平台型企业往往涉及多方利益主体和复杂的交易关系，传统的行业监管法规难以全面覆盖，使得平台及其用户在面对纠纷和问题时，缺乏明确的法律依据和处理标准。

此外，由于平台经济高度依赖数据和信息技术，而监管机构在这些领域的专业能力和技术手段相对落后，难以对平台的运营细节进行有效监控和管理。这种技术上的差距不仅影响了监管决策的针对性和有效性，也使得平台在数据安全、用户隐私保护等方面的责任难以落实。

监管规范的不完善及其带来的后果，对平台经济的健康发展构成了潜在威胁。一方面，市场参与者面临较大的法律和经营风险，尤其是在面临纠纷和争议时，缺乏明确的法律指引和保护。另一方面，消费者权益保护难以得到充分实施，用户在使用平台服务时可能面临信息不对称、隐私泄露等问题。这些问题的频发可能会削弱消费者对平台经济的信任和依赖，影响整个行业的声誉和发展前景。

第四节　平台经济发展的战略路径

在这个不断变化的数字时代，平台经济已经成为推动全球经济增长和创新的重要引擎。随着数字浪潮的不断推进，平台经济如同一艘巨轮，正乘风破浪引领着我们向未知的经济新大陆航行。在这一旅程中，我们如何确保这艘巨轮能够稳健前行，避免触礁，甚至探索更为广阔的水域？正是这个问题激发了我们对于平台经济发展战略路径的深入思考。

在这个充满变革的时代，创新不再是选择，而是生存的必要条件。如同帆船远航要凭借海风，平台经济的发展离不开持续创新的推动。然而，创新的过程并非孤立进行，它需要一个充满活力、多样化且开放的生态系统作为滋养。正如一艘船只需要健康的海洋生态来确保其顺畅航行，平台经济亦需构建一个多元、开放、互利的生态环境。即便是最先进的船只也需要明确的航海图和规则来指导其航行方向。这便引出了平台经济监管革新的重要性，一个健全的监管体系就如同海上的灯塔，为平台经济的健康发展提供指引和保障。倡导差异化竞争，推动平台协同发展，不仅是平台经济内部的发展需求，也是构建一个多赢局面的关键。正如在浩瀚的大海中，各式船只需通过差异化的定位和相互协作，共同维护海洋的和谐与繁荣。

一、平台经济的发展离不开持续创新

持续创新是推动平台经济发展的根本动力，它贯穿于平台

经济的每一个环节，从技术革新到商业模式的创新，再到用户体验的持续改进。在这个快速变化的数字时代，仅仅依靠传统的经营模式已经无法满足市场和用户的需求，只有不断创新，平台经济才能在竞争激烈的市场中脱颖而出，实现可持续发展。

技术创新是平台经济发展的强大引擎。平台经济的进步依赖于关键核心技术、前沿技术及原始技术的不断创新。这意味着平台企业需要在自动驾驶、云计算、数据库、数字引擎、区块链等前沿数字技术领域加大研发投入，培养创新能力。通过这些基础性技术的突破，不仅能够提升平台自身的技术实力，还能够为整个平台经济体系注入新的活力，孵化出许多具有世界先进水平的原创成果。

商业模式的创新是平台经济区别于传统经济的重要标志。平台经济通过打破传统的行业边界，实现了资源的跨界整合和共享，形成了多边市场的商业模式。这种模式通过连接不同的用户群体，实现了规模效应和网络效应，拓宽了市场范围，也为用户创造了更多的价值。此外，许多平台还通过创新的盈利模式，如订阅服务、广告模式、交易佣金等，实现了商业模式的多元化，增强了平台的盈利能力和市场竞争力。

在应用创新方面，平台经济要通过不断拓宽应用场景，释放创新的溢出效应。在消费领域，平台可以通过内容创新，如直播等新兴形式，成为拓展消费的新增长点，不断激发消费潜力。平台经济在生产领域的应用创新也同样值得关注，特别是在促进产业升级方面的表现。平台企业通过工业互联网平台应用加速推动智能制造，并通过数字化会员、数字化渠道、数字化供应链的改造，全方位推动农业、制造业、服务业的智能化升级。对于中小企业而言，平台经济还可以打造专有平台和服务，助力这些企业实现数字化转型。

二、构建多元、开放、互利的平台生态

构建一个多元、开放、互利的平台生态系统，是平台经济高质量发展的重要路径。这种开放不仅是平台经济固有的特性，更是其创新力和生产力的关键来源。在我国平台经济的发展过程中，既要注重基于规则的生态开放，也要追求基于竞争的全球开放，这两者相辅相成，共同促进平台经济的健康成长和国际竞争力的提升。

基于标准的生态开放强调的是在明确的规则和标准指导下，推动平台内部生态系统的有序开放。这要求平台企业不仅开放自身平台资源，如通过 API 接口等技术手段使外部开发者能够接入平台、开发应用和服务，还包括开源部分核心技术、共享数据资源等，以促进创新和协作。在这个过程中，保障数据安全、维护知识产权、保护消费者权益等成为必须遵循的基本规则。通过这样的生态开放，可以吸引更多的用户、开发者和企业参与进来，形成创新互补、共建共享的良性循环，从而丰富平台的服务内容，提升平台的竞争力和影响力。

基于竞争的全球开放则是指平台企业积极拓展国际市场，使优质的数字产品、服务、技术、品牌及标准"走出去"。这不仅需要平台企业加速自身的海外布局，更要通过技术输出、资本输出等方式，推动与全球市场的深度融合。此外，平台企业还应与传统行业，尤其是制造业等密切协作，共同探索国际

市场，帮助中小企业深度参与到全球产业链中。在这个过程中，参与并影响国际治理规则的制定，也成为提升我国平台经济国际竞争力的关键一环。

三、平台经济的监管革新之路

在平台经济飞速发展的背景下，其监管革新之路成为确保平台经济健康、规范、可持续发展的必经之路。为了实现平台经济的高质量发展，必须建立健全监管规则体系，为平台经济提供一个公平、透明、可预期的监管环境，同时要求平台企业加强合规治理能力，在符合国家法律法规的基础上规范发展。

规范化的发展为平台企业创造了更加公平、透明、可预期的市场环境。在这样的环境中，平台企业的合规自治能力得到了显著提升。平台经济的监管规则也变得更加健全，相关部门密集修订并颁布了一系列法律法规，着力于完善竞争法律制度体系，优化公平竞争的法治环境。众多平台企业也纷纷建立起合规发展部门，加大了对政策的学习和理解，确保其业务活动符合国家法律法规的要求。

为了加快竞争执法的国际接轨，并协助企业"走出去"，我国需要借鉴和吸收国际竞争执法的实践经验，尽快完善相关的工作机制。这包括定性分析、诉讼、举证、整改方案设计、信息披露等方面，同时加快国际竞争执法合作交流，积极参与全球竞争治理。此外，推动我国互联网产品和服务出海，尤其是在"一带一路"沿线国家，不仅有助于我国互联网企业了解国际市场竞争规则，还能协调开展数字经济领域的深度贸易合作，促进我国互联网企业在国际市场中的成长。

在加强平台经济价格监管、规范数字经济发展方面，遵循开放、规范、透明、真实、公平、鼓励竞争的原则至关重要。实施这些原则的政策不仅要建立普遍性规则，还要考虑平台之间的差异性。除了广泛关注的平台二选一、大数据杀熟、掠夺性定价和收取预付费等问题外，还需要关注在线广告定价问题，警惕网络效应和竞争不足可能导致的商户费用过高、租金耗散问题。监管数字经济平台、规范数字经济的发展有助于建立政府、平台、用户之间的互信，更好地推动我国从科技大国迈向科技强国的跨越式发展。

四、倡导差异化竞争，推动平台协同发展

在当前的平台经济中，倡导差异化竞争和推动平台协同发展成为一项重要的战略任务。构建一个公平、规范的良性竞争环境，不仅有助于提升互联网平台的盈利能力，还能促进整个行业的健康发展。这一战略路径可以通过以下几个方面来实现。

加强反垄断和反不正当竞争的执法力度至关重要。通过防止资本的无序扩张，可以有效遏制平台间的同质化竞争，保护中小微企业的长期发展，维护消费者的合法权益。这不仅需要从法律层面加大对违法行为的惩处力度，也需要从行业内部引导平台优化业务结构，寻求差异化的发展路径，形成各具特色的竞争优势。

促进平台间的互联互通和互操作是降低获取客户成本的有效途径。平台经济的本质是基于数据和技术的，通过鼓励平台在基础研究、数据共享等领域开展合作，不仅可以打破技术与数据的垄断局面，还能促进资源的有效整合和利用，实现协同发展的目标。这种开放合作的模式将有助于提升整个行业的创新能力和服务质量，创造更多的社会价值。

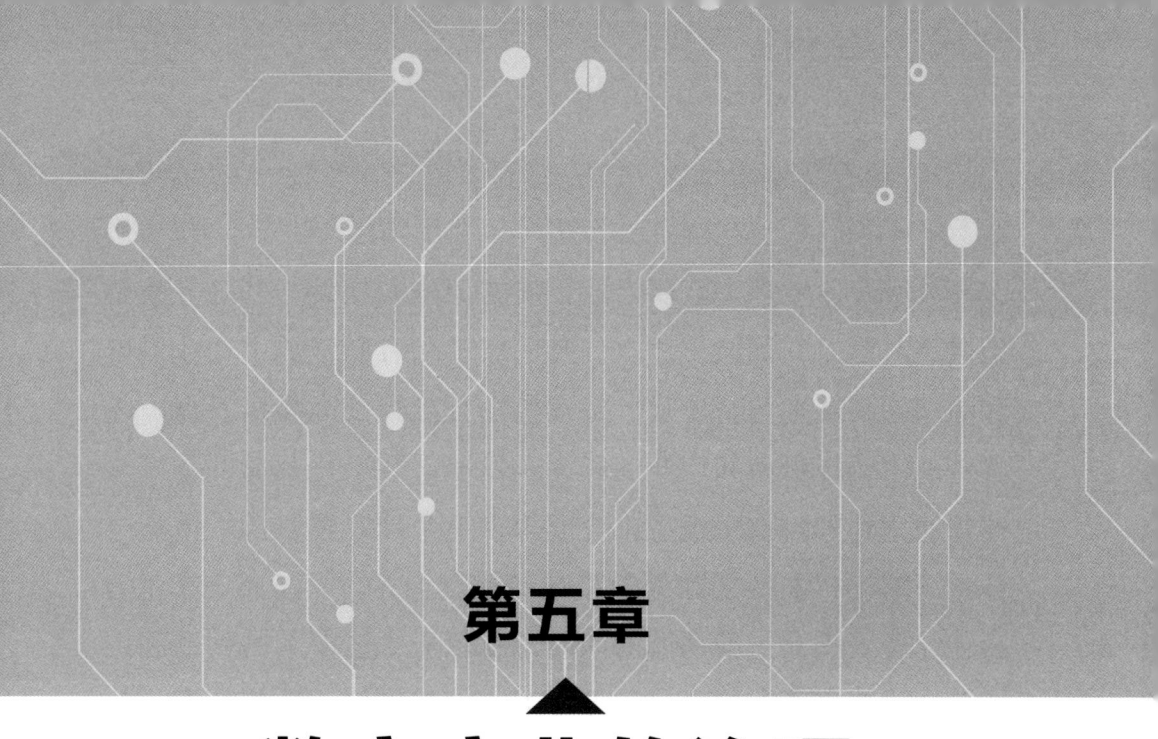

第五章
数字产业的治理

数字产业治理是数字产业发展的保障和纠偏，其任务就是为数字产业保驾护航，建立一套适应于和有利于数字产业发展和治理的新规则与新范式，持续推动数字经济高质量发展。随着新一轮科技革命和产业变革深入发展，数字化驱动的新型全球化加速到来。数字经济正在成为重组全球要素资源、重塑全球经济结构、改变全球竞争格局的关键力量。[①] 数字全球化为全球经济复苏提供新动能的同时，也带来了诸多新的问题和挑战。全球数字产业治理是各方为解决信息网络、数据要素、数字平台、数字技术应用等领域的全球性数字产业发展问题，而达成的塑造各方行为预期的规范、规则、标准、程序及执行机制的过程。

第一节　数字产业的治理新形态

数字经济已经成为 21 世纪全球经济的新引擎，但其迅速发展也伴随着一系列新的问题和挑战。网络安全和信息化是一体之两翼、驱动之双轮。[②] 随着数字技术的普及和大量数据的积累，垄断竞争、隐私泄露和虚假宣传等问题日益突出，迫切需要采取系统性的治理措施来解决这些问题。然而，数字经济

[①] 习近平：《不断做强做优做大我国数字经济》，《求是》2022 年第 2 期。

[②] 《习近平谈治国理政》（第 1 卷），外文出版社 2018 年版，第 197 页。

的参与主体众多，环境变化剧烈，系统演变复杂，使得传统的单维数字治理模式面临着巨大的挑战。

一、数字产业治理面临新机遇

以5G、云计算、AI、物联网、AR/VR、量子计算、3D打印等为代表的数字技术与实体经济融合日益加深，对产业链、价值链和供应链产生深远影响。习近平总书记指出："以信息技术、人工智能为代表的新兴科技快速发展，大大拓展了时间、空间和人们认知范围，人类正在进入一个'人机物'三元融合的万物智能互联时代。"[1] 数字技术日益融入经济社会发展各领域全过程，也带来了一系列新的挑战和问题，如数据安全、信息壁垒、道德规范等问题。随着经济形态的深刻转变，构建一个公正、开放、高效的数字治理体系以有效地破解挑战，对数字时代世界可持续发展具有重要意义。

数字技术正面效应不断释放。在产业层面，数字技术创新赋能千行百业，推动农业生产和管理更加智能、高效、便捷，促使电子商务服务业快速发展，各类服务场景和资源不断向线上转移，带动经济稳步增长。在社会层面，数字技术助力社会服务更加普惠便捷包容。在线课程确保学生在疫情防控期间接受教育，远程医疗提升基层诊疗能力，数字政府有效提升治理服务效能。

数字技术负面效应开始显现。在武装冲突中不受限制地使用自主武器所带来的风险十分明显，武装冲突中的武力使用丧

---

[1] 《习近平谈治国理政》（第4卷），外文出版社2022年版，第196—197页。

失人为控制，将有损于对战斗员和平民的保护，并带来冲突升级的危险。每一次新技术和新应用的出现都给恐怖组织提供新的机会和可能。强加密即时通信工具出现后，恐怖组织开始运用其进行跨空间的通联，在延展势力范围的同时降低被打击的风险。随着全球化的发展，许多新兴的科技企业正在破坏现有的经济秩序，他们不仅滥用自身优势，如垄断、滥采信息、滥发贷款，还利用先进的算法来剥夺和压榨数字劳动力。在社会文化层面，人工智能具有高度复杂性和不确定性，极易在公共决策中引发偏见、歧视等道德问题。

平衡数字技术正负外部性的难度加大。一是数字技术已从原始创新加快进入产业应用阶段，技术治理观念已从早期的"保护性豁免"向"监管控制"转变，需要审慎平衡有效监管与促进创新。二是数字技术与伦理道德紧密联系，技术的误用和滥用损害人的基本权益，引发根本性伦理关切，需要将伦理道德融入数字技术发展全周期，遵循"科技向善"理念，避免数字技术的研发和应用偏离公共利益。

二、数据确权和数据安全问题

习近平总书记指出："信息流引领技术流、资金流、人才流，信息资源日益成为重要生产要素和社会财富，信息掌握的多寡成为国家软实力和竞争力的重要标志。"[1] 随着数字经济的兴起，海量数据给原有的市场形态和市场机制带来了重大变革。数据资产成为个人、企业乃至国家资产的重要组成部分。

---

[1] 《习近平谈治国理政》（第1卷），外文出版社2018年版，第198页。

数据确权既是保障数据交易市场秩序稳定的前提，又是推动数据流通和共享、加强数据治理的关键切入点。

由于科技的发展，大数据的应用日趋广泛，但是，由此带来的新的风险也越来越多，使得数据确权的过程更为复杂。从工业化阶段开始，数据确权只限于受控的、规模较小的市场，以及以获取、分析、利用数据等为目的的市场活动，而当前数据共享、流通的范围更为宽广。数据确权问题包括数据确权范围不明晰、数据参与主体多样化及各种不同的确权争议等，使得实现有效的数据管理变得越来越具有挑战性。

第一，数据确权的内容模糊。现代的数据确权范围已不仅仅局限于所有权和产权，而是涵盖了更多的其他权利，如信息删除权、数据传播权、数据管理权、知识产权、版权等。此外，由于数字时代的到来，数据的形态、特点也日益演变，这就为划分不同的数据类型带来了巨大的挑战。虽然越来越多的企业开始将隐私保护归入企业的核心功能，以确保企业和消费者的安全，保护企业和消费者的利益，但由于缺乏有效的监管，导致数据价值链可能出现断裂，从而造成一系列的信息不对称、数据泄露等问题。随着技术的发展，从原始的个人数据开发出可供利用的价值，并被用来进行商业活动已成为一种重要的商业模式。数字身份的出现和发展将帮助用户掌握其个人数据、实现数据在各数字化活动之间自由流转，其重要性不言而喻。然而，由于数字身份的新特征，使得其难以匹配传统的身份认可机制，从而导致数字身份的安全性受损。

第二，数据总体规模庞大、类别繁杂。在互联网信息时代，数据的总体规模庞大而且类别繁杂，从"量""质""类"上加大了数据确权的复杂性。海量的数据体量加大了数据分析、应用和挖掘的复杂性，根据数据类型和质量区分出有效数据和无效数据将变得更为艰难，不利于数据确权在现实生活中的具体化实施。此外，从数据价值的实现来看，数据价值化一般指以数据资源化为起点，经历数据资产化、数据资本化阶段，实现数据价值化的经济过程。但是，现实情况是绝大部分原始数据并不能经由加工处理转变为派生数据，进而减弱了数据确权的可行性。

第三，数据确权方式亟须完善。随着数字技术的发展，传统的数据所有权的确定方式已被新型的多元化方式取而代之。但由于以下问题的存在，使得数据确权方式可以进一步优化和完善。首先，由于技术限制，获取的数据可能无法被全部收录。其次，由于参与主体之间的利益冲突，使得参与主体在某些问题上无法达成共识。最后，数据垄断加大了数据确权的难度。数据垄断的显著特征是数据的传播受到限制，使得其可以被非法利用或者被非法操纵，进行恶意的竞争。例如，在某些情况下，大型的互联网公司可以拥有比中小企业更多的信息，并且在"强者愈强"的情况下，它们可以占据市场的主导权，进行恶意的行为，进而导致数据垄断的发生，这种行为严重侵犯了个体的隐私与财产安全。

数据安全风险问题主要包括以下几个方面：其一，数据泄露风险。随着数据治理的复杂度不断增加，数据泄露形势严峻。其二，数据滥用风险。数据量巨大导致难以完全控制，容易出现数据滥用的情况。其三，数据篡改风险。恶意攻击者可以篡改数据，使得个人或者企业作出错误的决策。其四，云安全风险。随着个人、企业或政府等将数据存储和处理操作移到云端，云安全风险愈加严重。云供应商可能存在数据泄露或者服务中断的风险，云计算环境也可能被恶意攻击者破坏。其五，数据隐私保护风险。数字经济发展过程中所涉及的数据可能包含大量的个人信息和隐私，如果这些信息被泄露或者滥用，会对个人权利和企业利益造成重大的损害。

三、新兴业态监管和市场公正

随着数字化、网络化的迅猛崛起，数字技术这一新兴技术已成为推进经济持续健康发展、促进新兴产业与传统产业融合的关键因素。在这种背景下，对于我国的市场监督机构来说，其所采取的监督措施及保护市场公平性的机制都需要进行全面的改变和创新。当前的市场监管体系面临着许多挑战。例如"重监管、轻扶持"、监管职能范围不明确等问题依旧存在；再如传统行业和新兴行业之间存在一定的差别，但由于市场监管方式没有进行及时的调整和协调，导致对新兴行业的监管力度不足。

随着"互联网＋"的兴起，各个行业的企业正在努力进行跨越式的业务整合工作，更多地关注于 R&D（研究与试验发展）、设计、生产和销售的一体化，以提高整个系统的协作度与融合度。我国管理制度的特殊性使得碎片化的监督广泛存在，这就导致了监管死角的存在，无法对整合的业务协同进行有效监督，进而影响了市场的良性发展。

从监管标准和事物发展的普遍规律来看，监管常滞后于新事物的创新，包括但不限于技术和模式层面。当前市场监管存在的问题包括在数据隐私、产权保护等方面缺乏明确规范，甄别原则和标准有待细化，新兴业态的实际质量标准和准入门槛有待界定，未全面掌握新兴业态发展量化指标以进行实时、有效的市场监管。

在数字产业治理体系演进历程中，反垄断和反不正当竞争扮演着重要角色。数据财产权的产权设计本质是激发数字经济的正外部性，而个人信息保护、反垄断和反不正当竞争以及国家数据安全则侧重关注数字经济的负外部性治理。经过多年发展，数字经济在反垄断领域出现了滥用市场支配地位的价格歧视、自我优待、拒绝交易、杀手型并购和差别化定价等问题，在反不正当竞争领域出现了排他性经营、不正当获取商业数据和妨碍正常经营等情形。因此我国数字产业治理中的反垄断和反不正当竞争问题，应当成为监管政策适配新兴产业的重点关切。

四、国际数字产业治理存在发展空间

数字经济已成为推动世界经济发展的强劲动力，不仅彻底颠覆了以往的资源分布模式，而且极大地提高了生产率。然而，数字经济也给我们的生活带来了一些潜在的挑战。具体而言，数字经济时代背景下的全球化数字产业治理面临以下一系列亟待解决的问题。

国际上存在着越来越明显的数字鸿沟。2022年，发达国家数字经济在GDP中所占的比例远远高于其他国家（超过50%），而发展中国家仅为27.6%。虽然许多相对落后的国家在过去几年也已经开始推广互联网和数字技术，但是这些国家的数字化基础设施相对发达国家来说依旧落后。根据估算，2022年，发达国家约87%的人口使用互联网，而落后地区仅19%的人口使用互联网。随着"技术中性""互联网中性"这些"美式模板"被广泛采纳，美国已成功地建立起新型数字经济秩序，并且这些规则也得到澳大利亚、新西兰等国家的认可，但许多发展中国家依然坚持使用世界贸易组织（WTO）提供的电子商务基础性规则，这表明当前国际社会形成了数字经济治理的不同标准和体系。

超级数字平台的迅猛发展带来的一系列挑战也越来越明显。虽然平台这种组织形式很早就存在，但由于移动互联网的崛起，特别是无线网络和智能移动设备的应用，数字平台这种新型组织形式的规模迅猛扩大。伴随数字化的蓬勃发展，超级平台公司迅猛发展，在提升经济效益、增进社会福利的同时，也带来一系列问题。其中最突出的就是超级平台破坏市场机制，损害了市场交易的公正性，导致信息滥用和侵犯隐私等问题层出不穷。随着科技的发展，人工智能与信息技术的经济效益日益显著，少数企业可以利用这些平台垄断获得大部分的利润和价值。当前，必须采取措施来解决超级平台带来的这些问题，以确保其能够得到充分和规范的发展。

数字经济全球化带来的新问题具有明显的外部性，即一个国家的政策和行动可能会对其他国家甚至整个世界产生重大影响。当今，世界各国正在积极参与数字经济的竞争，努力建立一套能够满足本国意愿和利益的规则体系，以期解决全球数字产业的管理难题。

第二节　数字产业的治理新框架

根据数字经济的内在特性，可以将数字产业治理的主体分为政府、企业和社会主体，并将数字产业治理划分为四个不同的层次。这四个层次的治理应该遵循一定的原则。数字产业治理的关键在于要清楚地界定治理主体、明确职责和权力，以及通过协同合作形成多元主体协同共治局面。数字产业治理工程生态是数字产业治理发展的必然趋势。

一、数字产业治理的要件及架构

数字产业治理的多元主体分为政府、企业和社会主体。第一，政府是数字经济治理的主导者，但不包办一切，政府不再只是发布命令的指挥者或执行命令的执法者，作为协同主体的政府和其他治理主体之间是平等、协商、共治的关系。第二，企业是数字产业治理的重要主体。企业作为在数字经济活动中扮演着主要角色的经济组织，对数字产业治理起着非常重要的作用。第三，社会主体主要包括社会组织和公民个体。社会组织具体包括社会团体、行业协会等各类非政府组织。

基于数字经济的内在特征，可将数字产业治理主要分为四个层次。一是围绕信息网络的治理。信息网络既包括海陆缆、光纤、基站、计算中心、空天通信等通信和算力基础设施建设，也包括互联网基础资源分配、技术标准协调等，全球信息网络的互联互通、开放稳定和高速通达是实现数字全球化的基石。二是围绕数据要素的治理。促进数据要素安全和自由流动是各方的共同关切。三是围绕数字平台的治理。数字平台是数字经济新的组织方式，在提高资源匹配效率的同时，加剧了信息内容、数据资源和产业结构的集中，带来虚假信息、经济垄断等问题，需有效化解平台权力集中风险，妥善分配数字红利。四是围绕技术应用的治理。鉴于数字技术的通用性、数字化转型的普遍性和数字技术发展方向的不确定性，数字治理的四个维度之间存在复杂的关联效应，并可能随着数字技术发展和应用不断产生新的治理对象。

数字产业治理应遵循以下原则：第一，多元主体协同共治原则。马克思强调，作为社会有机体的经济运行过程中，"不同要素之间存在着相互作用。每一个有机整体都是这样"①。全球数字经济是一个复杂、多元、互联互通的生态系统，要想更好地管控数字经济，就必须采取协调一致的政策，以及提升政策的前瞻性、科学性、有效性，以确保各个参与方得到最佳的结果。此外，随着科技的进步，越来越多的企业开始投资于数字领域，数字企业的投资可以为全球的数字治理提供更多的可能性。因此，数字企业尤其是平台型公司，应该发挥其重要的桥梁功能，积极参与数字产业治理，促进全球数字经济发展。第二，技术中立原则。随着科学技术的不断发展，"技术"愈发趋向于一个复杂的"过程"，而不是简单的"物"或"结果"。数字经济区别于传统经济的一个重要特征在于其数字技术属性，倡导谨慎的数字技术中性原则、让数字技术更多地回

---

① 《马克思恩格斯文集》（第 8 卷），人民出版社 2009 年版，第 23 页。

归技术本身，有利于加强领域内问题的协同共治，也是促进技术向善。

二、多元主体协同共治

重新构建数字产业治理的框架，需要清晰地界定各方的角色、职责和权利，并通过协调各方的合作，实现多方共同参与，从而推动数字产业的健康发展。

首先，政府是数字产业治理的主导者。在数字产业治理的过程中，政府既要更好地发挥主导作用，也有责任和义务积极引导和协同其他主体参与治理。政府应该充分利用自身的资源，加大对数字产业的支持力度，以实现各方共享共赢。针对"一支独大"的企业，政府应当调整对相关企业的支持力度，引导和规范相关企业的发展，以促使它们能够充分利用自身的资源，共享市场机会，实现共谋共赢和可持续发展。若企业未能遵循数字产业治理的相关准则，将导致严重的后果。因此，在遇到此类问题的情况下，政府应该积极介入，与各方进行深入的沟通、探讨并寻求最佳的解决方案，避免产生不良的后果。政府在管控权限上具有明显的优势，能够提供司法上的强制性措施，并能够实现跨地域的统筹协作。因此，政府有义务积极鼓励并支持多元化的企业参与到数字化的发展当中，并且努力增强对这些企业的监督。另一个重大的问题是，政府如何更好地满足数字化转型的需求，实现更快更好的发展。政府必须跟上数字经济发展的步伐，改革工作流程，开发"电子政府""阳光政府""开放型政府"等先进的工具，不断提高政府的运行效率、服务水平和社会治理能力。随着数字经济的发展，政府的职责已发生重要的改变：从信息"垄断者"向信息"提供者"转变，从"管理者"向"服务者"转变，从"决策者"向"引导者"转变。下一步，政府应该加强与社会成员的良性互动，营造与社会成员一起治理社会事务的局面。

其次，企业是数字产业治理的重要主体。从世界范围看，放松政府规制、加强社会共治已经成为国际社会的共识。因此，在转变政府职能的同时，强化企业的治理作用、明确企业的治理职责已经成为数字经济治理的必然趋势。企业在数字经济治理中肩负着重要的责任。在多元化社会治理的新格局下，作为数字产业治理的主体成员，企业的良好运营可以促进经济、社会的良性发展。同时，企业的发展需要稳定安全的社会环境，企业也有责任增强参与数字产业治理的主动性和责任感。企业要以推动行业健康发展、企业从中受益为目标，加强与行业企业的沟通，避免恶性竞争和无序竞争，做好与政府的沟通合作，积极回应公民和网信的诉求，努力做好外部协同。

最后，社会组织是数字产业治理的主要主体，公民是数字产业治理的新生力量。社会组织具有非营利性、非政府性、专业性、公益性和相对中立性等特征，再加上其吸收了专家学者和领军企业等专业力量，具备一定的资源整合、力量动员和提供专业服务的能力，成为深受各方信赖的主体。为了更加全面地推进数字化转型，政府应该大力支持各类数字经济行业组织，制定出一套完善的优惠政策方案，以促使相关的社会组织实现可持续性发展。在此基础上，逐步构建政府与相关行业组织之间相互信赖、优势互补、积极互动、有效协同的合作关系。行业组织能够有效承接部分政府职能，帮助降低行政成本，提高服务效能。此外，行业组织可以协调和鼓励各类企业参与到数字产业治理中来。一方面，随着数字经济的飞快发展，许多行业的发展在短短的几年内就能完成，但是政府监管工作程序往往需要经过较长的时间才能调整落实，导致政府监管滞后于市场需求。另一方面，相比传统企业，数字经济企业在评估企业价值时往往更重视用户数量，因此会想尽办法来提升用户数量，这也导致在企业竞相争夺用户的过程中往往伴随着恶性竞争，甚至可能发生违反法律法规的行为。行业组织可以通过软协同的方式来促进行业的健康发展，监督企业遵守法律法规。此外，行业组织还可以协同公民共同加强数字产业的治理。通过与公众的沟通，行业组织可以更好地反映民意，并将这些信息及时传达给政府，从而更好地协助政府治理数字产业。公民是数字产业治理的新生力量。随着现代社会的迅速发展，公众的参与度、影响力及对于数字经济的认知都在迅速提升。相当多的公民正以"数字经济商品或服务提供者""数字经济产品或服务消费者"的身份参与社会经济生活。因此，在数字经济领域，作为公共产品和服务的提供者，公民理应成为与政府、企业一起治理的重要力量。此外，我国网民数量庞大，为公民参与数字产业治理提供了强大的群众基础。

伴随数字化时代的到来，传统的以单一部门为核心的、以统一规则为基础的管理方式正逐步转变为新型的、多元化的协同治理模式。习近平总书记在主持中共中央政治局第三十六次集体学习时指出，随着互联网特别是移动互联网发展，社会治理模式正在从单向管理转向双向互动，从线下转向线上线下融合，从单纯的政府监管向更加注重社会协同治理转变。

为了适应当今数字经济的快速变革，需要清晰界定不同治理主体的职责、权利、义务，增进各方的协同配合，构建一个完整的协同治理系统。在数字产业治理体系中，政府、企业、社会主体等多方参与，旨在实现治理的有序运转，同时也有助于提升各方参与主体的效率，从而推动数字经济的可持续发展。为了更好地实现协同治理，政府应该加强在协同治理体系方面的战略谋划，牵头设计整体治理架构，研究出台有关激励性政策措施，依法规制行业发展和相关企业，努力培育竞争有序的市场环境，为推动数字经济健康可持续发展提供良好的法治和政策环境。企业要充分利用自己的信息优势与技术优势，提高内部管控水平，为实现全面可持续的行业管控提供支撑。社会组织要通过制定行业标准规范、行业企业行为准则、企业社会责任标准等营造良好的行业发展氛围和商业伦理环境。公民应该提高数字经济素养，增强诚实守信的道德观念，并利用各种渠道如在线社交媒介，开展有效的沟通和表达，积极参与数字产业治理。

三、顶层设计与制度保障

健全数字经济法治体系，提升智慧监管水平。党的二十大报告指出，"全面依法治国是国家治理的一场深刻革命"。为了更有效地推动数字经济的可持续发展，有必要迅速推进数字经济法治体系系统化建设，制定统一的政策与制度。另外，还需要对现有的立法难点进行更深入的探索，解决数据权属不清的问题，细化数据分级分类标准，引导行业在遵守国家相关法律法规和标准规范的基础之上促进数据流动、开发数据价值。

为了更好地实施"互联网+监管"模式，政府与监管机关需要运用先进的信息技术，打破信息壁垒，推进数字化转型，加快形成数据整合、特征构建、风险研判、动态监测、结果输出的智慧监管全流程。为了更好地保护公众信息，政府应该积极采取措施，建设新的数据安全治理框架，依靠数据加密、数据脱敏、数据水印等技术手段实现数据的"专数专用"、"高敏高保"及"跟踪溯源"，提升我国智慧监管水平。

数字经济蓬勃发展引起的平台垄断给现行的反垄断法带来一系列新的挑战，现行法律未考虑到数字平台企业的多边性和高动态性造成其垄断行为难以界定。因此，有必要加强对相关法规的修订，解决反垄断问题。要准确地评估企业的垄断程度，综合考察各种影响其竞争力的因素，开发出一系列更具有可靠性的衡量指标，包括但不限于已确立的市场份额、市场集中度等，以及采取多种不同的度量方式，以此来更准确地反映企业的垄断程度。此外，要建立健全法律法规体系，提高监管人员评审能力，确保监管人员准确识别和把握垄断行为的特征，及时发现、纠正、惩戒违法违规者，以使监管机构对市场垄断的判定和处决更加合理可信。

党的二十大报告明确提出，"坚持安全第一、预防为主，建立大安全大应急框架，完善公共安全体系，推动公共安全治理模式向事前预防转型"。在数字化社会中，应建立起强化事前监管的"事前监管+事后执法"反垄断新体制，严密防范系统性安全风险。事前监管重在监控潜在风险，预防违规行为，维护市场公平；事后执法重在查处垄断行为，发挥执法威力，维护多元利益。通过实施多种监督措施，有效保障市场的公正和稳定，同时也能够有效地打击和惩戒垄断行为，从而保障各方的权益。

四、运用数字技术提升治理效能

2017年12月，习近平总书记在中共中央政治局第二次集体学习时指出，要加快构建高速、移动、安全、泛在的新一代信息基础设施。习近平总书记指出，要加强数字基础设施和能力建设，增强数字经济可及性，消弭数字鸿沟。① 运用数字技术能够提升治理效能，有利于增强数字技术治理的精细化，提升数字技术治理决策的科学化。数字产业治理需构建技术路径，洞见数字技术价值，赋能数字产业治理。首先，要保持技术赋能认知的敏锐性与深度，推动主体实现智能化决策。其次，要用技术治理数字经济数据，疏通数据生产、使用、共享和流通中的障碍，保障数据所有者权益，发挥数据的市场价值，辅助实现算法的公平和透明等目标，发挥算法的增值作用，规避算法的应用风险。最后，要协同技术和其他手段开展平台经济治理，解决单一议题下的治理问题，解决数字治理中多议题和多层面关联所带来的整体、协同、演化和突变等动态方面的问题，主推数字产业治理体系中共建、共治、共享格局的形成。

五、培育数字产业治理新生态

数字产业治理新生态是数字产业治理发展的必然趋势，蕴含着全社会数字化转型的多元参与主体和各类要素资源，并促

---

① 习近平：《把握时代机遇 共谋亚太繁荣》，《人民日报》2018年11月19日。

使参与主体之间形成平等协商和有序协同关系，进而共享和激活各类要素资源的治理价值。数字产业治理资源的多样化与数字产业治理主体的协同化促使数字产业治理生态成为数字时代国家治理的新型结构，呈现出包容性、协同性、智慧性和可持续性四个特征。

第一，包容性。构建数字产业治理新生态是一种全面、系统的改革，数字产业治理生态的包容性体现在多样化治理资源在多元治理主体中的协同和共享。随着数字技术的发展，数字产业的治理模式也发生了巨大的改变，从传统的单一管控模式发展到更加灵活的多元管控模式。数字产业治理以开放和共享为着力点，这就促使数字产业治理生态充分包容各类治理主体，鼓励多种形式的参与。通过提高数字产业治理的包容性来建立一个更加公平、公正、可持续的数字产业治理环境，让所有参与者都可以从中受益。为了有效地改善公共管理，政府应当采取一系列措施，使得各种管控活动的流程变得更加透明、有效，实现公共治理以可记录、透明化、扁平化、规范化的一套程序来运行。此外，还应该扩大数字化的影响力，鼓励更多的人参与到治理活动中来，提高各类利益相关者的积极性，推进政府与科技企业、科技社群在数字化基础设施建设和智能化解决方案开发上协同合作，从而形成一种更加包容、更加有效的治理机制。

第二，协同性。在当今全球经济环境下，政府的管控需要更加灵活多变，并且需要更好地适应各种新的情况。因此，推进政府的数字化改革必须考虑两个方面：一方面，政府内部需要建立起各个部门、各个层面、各个系统的协同机制；另一方面，需要建立起政府和各类参与者如企业、社会组织、社会公众等的有效联动和外部协同。在当今的数字时代，建立良好的数字产业治理环境需要各方面的合作，参与方包括政府、科研机构、企业、社会组织、媒体、公民等。在这些参与主体之间需要建立起有效的沟通渠道，促进信息交互，推动信息的传播。

第三，智慧性。智慧性体现为依靠数字化应用实现敏捷治理。随着治理环境的日益复杂，数字智能技术的发展为分析和理解各种复杂系统提供了可能。这些新型的治理技术，如即时感知、精确滴灌、精确决策、主动服务和智能研判等，正在帮助提高政府管理的智慧水平和精确度。智慧性涵盖了多个方面，在多个治理流程中起到重要作用，包括决策、部署、执行和反馈等。其中，决策智能化涉及从议程设定、问题诊断、预测分析到政策模拟和优选的整个过程；部署智能化则涉及将决策标准和流程应用于实际管理环节；执行智能化指将信息传递到更多的终端设备，以支持政策实施和精准干预；反馈智能化则意味着通过数字技术来收集、分类、预处理及提取信息以实现对政策的有效响应。

第四，可持续性。当数字产业治理新生态建立起来时，它将拥有强大的内生动力。一方面，通过不断收集信息和数据、增强和改进计算机技术，使数字产业治理资源变得越来越充足，使智能化的解决方案变得越来越精确和高效，从而实现数字产业治理的不断进步。另一方面，数字产业治理新生态是实现多元参与、建立良性社会关系的重要手段，将政府、企业、社会组织及社会公众联系在了一起，构建了一个协调、包容的新型管控模式。数字产业治理新生态为实现各种相关者的利益最大化搭建了桥梁，从而推动了参与主体彼此间互相依存、互相影响、相互促进的关系。

第三节　数据要素的治理新体系

习近平总书记在中共中央政治局第二次集体学习时明确提出，加快完善数字基础设施，推进数据资源整合与开放共享，保障数据安全，加快建设数字中国，更好服务我国经济社会发展和人民生活改善。[①] 完善数据要素治理体系，要建立健全数据产权制度，制定数据开放和共享制度，加强数据隐私和安全管理，促进数据标准和互操作性的发展。

一、建立健全数据产权制度

目前，要进一步建立健全有利于推动数据确权的制度。一是加强区块链技术在大数据确权中的应用，加大对区块链技术的研发投入，成立区块链技术开放型创新联盟，以推动区块链技术的发展和应用。为了促进区块链技术的发展，应积极推动制定和实施相关的技术标准，加强区块链技术在数据确权领域的应用，鼓励大数据交易所等机构作为区块链的核心节点参与数据确权的网络运营，以便更好地形成典型经验并将其普及。

[①] 《审时度势精心谋划超前布局力争主动　实施国家大数据战略　加快建设数字中国》，《人民日报》2017年12月10日。

二是完善个人信息授权制度。为了有效地保护用户的合法权益，应当尽快完善个人信息授权制度，严格要求互联网平台企业采用明示授权等方式，充分征求用户意见。积极鼓励平台企业采用各种脱敏技术处理用户数据进而形成大数据进行分析运用，切实保护用户的合法权益。同时，为了保护个人隐私，平台企业应该采取措施避免黑客等使用大数据算法来处理和复制用户数据。

三是优化对数据垄断的监管。随着数字经济的迅猛发展，数据垄断问题变得越来越突出。目前，数据垄断的形式包括利用数据和算法建立及巩固垄断关系、利用数据优势滥用市场支配权、企业集中收集数据及行政性垄断等。为了保护数据集合和控制者的权益及促进数据资源的自由流通，应尽快加强基础制度建设，完善规则制定，加强反数据垄断执法，促进跨部门协调与国际合作，以期能够更好地监管数据垄断行为，从而推动数据确权和数字经济良性发展。

四是完善数据产权保护制度。为了更好地保护个人信息，亟须建立一套有效的数据产权保护机制。对个人数据产权的保护应从保护个人隐私权和促进数据收集、使用和流通的双重角度出发，既在采集、使用和交易相关数据时不能侵犯数据主体的基本权利，防止对个人基本权利的过度搜集、滥用，甚至泄露个人隐私，又要确保合理的数据采集、安全的使用及适当的交易是被提倡的。要积极探索具有中国特色的个人信息安全管理制度，积极推进行业自律自治，发展符合行业特点的个人数据产权保护规则，以及采用更严格的措施打击侵害个人隐私的违法犯罪行为。

二、制定数据开放和共享制度

数据开放共享有利于激发创新活力和经济活力，有利于社会治理创新。通过引入先进的数字技术，可以更好地推动数据的开放与分享，并且可以改善数据管理结构，从而更好地实现数据信息的可持续性开发利用。提升数据开放共享的核心机制在于建立基础层、平台层和应用层的纵向共享机制，以及以数据价值链为基础的数据开发、开放、安全的共享机制。

基础层进行数据基础设施建设。构建完善的数据基础设施以满足政府数字化转型的需求和"新基建"需求，整合政务和企业的数据资源，打造国家级的大数据平台、数据中心，以提高数据体系的运算能力。通过全面整合企业、政府等数据资源和平台设施，积极推进数据中心和服务器的升级改造，构建绿色可持续、低成本、高效率的数据基础设施，构建区域性、行业性数据汇聚的数据交易平台，以促进数据共享与应用。

平台层进行数据平台体系建设。数据平台体系建设的重点是提升数字基础设施的质量，构建完善的、高效的数智化中台，以及建设统一、可操控、可视化、可扩展、可追溯、可预测的数据库。一方面，要提升应急处理效能，加强应急管理数智化中台建设，明确数智化中台的建设规范，收集、整合、传递、处理、使用各类应急管理信息，构建智能化的预测与处理模型，强化数智化中台在技术赋能、业务赋能和组织赋能等方面的作用。另一方面，要继续加大对5G、人工智能、工业互联网等前沿技术的研发投入，推进数字化转型，加快数据应用场景的搭建。此外，要加强数据平台支撑能力建设，加强对互联网、电子商务、社交媒体等领域的监督与管理，严格执行各项技术、信息、资源、服务等方面的法律、政策，构筑多层次、多维度的安全保障机制，为经济社会提供更多可靠、安全、可扩展的数据。

应用层进行数据应用循环构建。在不同的阶段如开发、发布、共享、保护等，构建数据应用和价值互动的循环网络，实现数据的快速流通与高效使用。强化数据联动开发，从国家级层面加强全局数据联动开发，统筹不同区域推进各个领域数字化转型，拓展数据来源和维度，引导和鼓励行业协会、平台企业、社会团体等主体进一步利用区块链、人工智能等数字技术，增强数据的开发和应用能力。加强数据多场景应用，统一不同领域、场景之间的技术标准和数据规范，加快数据库之间的对接和互通。

建立主动规范的数据开放体系。构建具有自规性的、统一的、公平的数据开放体系，以期能够更好地满足社会的需求，并且能够更好地为地区的发展作出贡献。拓宽数据开放领域，深入探索各种有效的数据开发、分析、整合、联动工具，挖掘出更多的数据资源。成立数据专家团队，结合政府部门、企业等各界的资源，构建以大数据为核心的数据系统。参考美国等国的成功模式，以数据集中汇聚和开放应用为原则实现数据向全社会的开放和应用，制定数据平台的组织规范、数据识别规范，识别主体特征数据和公共性数据等不同类型的数据，以"分对象开放、分领域开放、分阶段开放"的原则逐步实现数据向全社会的开放和应用。

建立政企互动的数据共享机制。为了促进数据的良性发展，应构建有效的政企合作的数据共享机制，从而实现各方的有效沟通与协调，促使各方的数据能够有效地流通、分析、使用、反馈。数据的收集和存储及政府数据开放平台的建设等核心工作可由政府主导开展，而政府数据资源价值的利用和开发等工作可交由政府和市场共同完成，支持、鼓励市场力量充分参与政府数据资源的开发和利用，实现数据的有效传播、有效分析、有效评估，实现数据的有效整合和应用。清晰界定各主体的职责范围：政府应当从全局性视角出发考虑数据的集成和汇聚，强化相应的保障政策出台和法规制度，加大数据共享所需的基础设施建设投入；企业重点发挥技术研发和应用的优势，创新大数据技术、灵活运用数据资源；社会公众则通过数据产品的使用和参与，强化数据共享的反馈机制。

三、加强数据隐私和安全管理

提高数据的安全性需要对所有的数据进行严格的管理，数据从源头收集到终端的流转、存储、访问、分析、处理和应用都应受到相应的监管和保护，防止数据和隐私信息的泄露，有效地保护用户的权益。应重视并充分利用大数据安全技术以加强数据开放系统、数据保障系统的建设。

第一，加强数据加密技术建设。数据安全从根源来看涉及数据上传、下发、安全隔离等，防止数据隐私泄露要求在数据生成及传送、储存的多个阶段对不同数据予以加密处理。应加强数据加密技术的研究，运用高等级数据加密技术防止数据隐私破解和泄露，同样也应将密钥和数据分别储存，采用物理隔离来增加数据传输与储存破解的困难度，进一步提高安全系数。

第二，加强数据威胁检测与防御系统建设。为了确保数据的安全和完整，除采取加密技术外，还需设立强大的数据防御系统。数据主动防御系统与威胁检测系统是高度集成的数据安全管理平台，可以根据数据情况快速、准确地采取措施以增强防御能力，并且可以根据实际情况及时进行调整，以确保数据的安全。

第三，个人隐私保护产品研发。为了有效地保护个人隐私，政府应该采取更多的措施，包括加大对个人隐私保护产品的研发投入，提升技术水平，建立完善的数据安全机制，以防止数据泄露。此外，政府还可以通过电子信息产业发展基金等项目，支持企业开发新的产品和应用，以满足移动互联网用户的隐私保护需求。

在数据安全保护管理方面应依靠法律、法规及人员管理，使用户在收集个人数据时遵守相应法律、法规，要通过出台或者加强相关的法律、法规与制度建设约束与监管数据隐私保护行为。第一，完善安全管理法律法规。加强对数据安全的法治化管理，建立健全高效的安全管控机制，利用各种互联网社会信息资源，加强对隐私权益的维护，确立风险预警体系，严格执行相关的法律法规。尽管中国现行的相关法律法规已经开始重视个人信息的安全，但现行的信息安全政策缺乏系统性，不能充分满足大数据快速发展的需要。因此，政府在推动大数据技术的迅猛发展的同时，也应该积极推进相关的政策，可以通过完善相关的监督机构，实施严格的审核机制，确定合适的安全措施，以确保公民的隐私安全，并且能够更好地维护公共利益。另外，应从数据发展的角度制定隐私法律和问责制度，以制定和完善相关的法律法规，防止数据滥用或非法使用，同时支持使用大数据来提高整体社会效率。第二，加强数据保护管理。为了确保数据的安全，必须建立一套完整的标准，运用到数据的使用、审核、转换等数据生命周期各个阶段的管理与控制中。此外，政府还应该出台有效的数据隐私保护政策，并将其付诸实施。为了保护个人数据的安全，还应通过完善法律来细化各种可利用的程序，加强数据保护和监管。要建立溯源监管制度，以便能够追踪数据的来源，防止数据被滥用或被恶意利用。从网络传输、数据加密、数据备份、安全风险管理等方面部署整体安全管理措施，有效提升数据的使用价值和安全性。

四、加快制定数据标准和准则

加强基础数据标准顶层设计。综合国内外的基础数据标准，布局中国数据标准体系，以满足当今社会的需求，推动经济社会可持续发展。加强对当前多种形式的知识产权数据的综合管理，构建综合的知识产权数据标准体系，将其纳入全球性的标准框架之内，使之能够满足全球性的沟通、分享，也可以被广泛应用于社会发展。此外，应增强数据标准与科学研究、技术指导、市场调研、法务管理等方面的协调度，构建一个具备高水平的、易于管理和拓展的知识产权信息共享系统，将不同种类的知识产权信息进行有机的整合和分析，从而更好地为决策制定提供支持。

建立有效的标准修订与更新机制。随着科技的发展，数据的来源、利用方式和呈现方式都变得多样化，人们对知识产权信息的处理能力也需要不断提高。因此，为了满足不同领域的需求，应建立有效的标准修订和更新机制。另外，为了更好地满足社会对知识产权信息的需求，解决信息资源共享不足的问题，中国可以借鉴世界知识产权组织（WIPO）的成功经验，建立更为有效的标准修订与更新机制，不断完善和优化知识产权数据，以满足技术发展的要求，推动知识产权事业的发展。

持续提升中国标准的国际影响力。如果掌握了国际标准制定的话语权，就能够在国际竞争中获取更大的优势，但当前中国知识产权数据标准在国际上的影响力明显不足，需要持续重视知识产权数据标准，并不断提高标准研究能力。中国应积极开展与国际组织及其他国家知识产权局之间的交流与合作，主动参与国际标准的制定与修订，努力建立和谐的国际关系，积极参与国内外的技术创新。同时，中国也应充分发挥在大数据分析等领域的技术优势，超前谋划布局信息处理前沿技术，预先制定并实施有效的计划，以便更好地把握国际市场的机遇并取胜，获得在国际竞争中的战略优势。此外，提升公众对数据标准的认知与应用能力，并利用各种渠道如专题培训、经验交流会、媒体宣传等，推广和宣传有关的国家法律法规，以便让更多的管理者和参与者都能够更好地了解国际规则的新变化和新趋势。

第四节　全球数字产业治理的中国新担当

习近平总书记深刻认识到"互联网让世界变成了地球村，

推动国际社会越来越成为你中有我、我中有你的命运共同体"[1]。参与和引领全球数字产业治理,要积极加入高标准多边数字经济协定,推动制定全球数字产业治理的标准和规则,建立国际数字产业治理合作平台。

一、加入高标准多边数字经济协定

随着世界数字贸易的迅速发展,电子商务、数字知识产权、数字关税等成为当前世界数字产业治理重点关注的话题。双边、地区、诸边、多边贸易会谈中世界数字治理规则议题大体可分成七类:电商与配套政策,为数字国际贸易展开提供协同和支撑;数据信息管理与流转,是地区数字产业治理会谈中最基本、最重点的问题;数字国际贸易有关税收政策,对数字国际贸易对外开放与各国经济协调具有影响;知识产权与数字资产保障,重点解决数字国际贸易中的产权保护问题;行业对外开放与平等竞争,对各国市场竞争秩序作出了规范;数字治理与安全,对数字国际贸易产生的治理问题进行整治;数字经贸发展协作,促进落后国家进一步开展数字国际贸易。近年来,从签订和执行《区域全面经济伙伴关系协定》(RCEP),到顺利申请加入《全面与进步跨太平洋伙伴关系协定》(CPTPP)和《数字经济伙伴关系协定》(DEPA),中国积极对标高规范国际经贸规则,参与数字经济国际规制磋商和制定,起到了越来越重要的作用。

相较于综合性自由贸易协定,数字经济专项协议更加关注

---

[1] 习近平:《论党的宣传思想工作》,中央文献出版社2020年版,第199页。

数字规则、数据的跨国交易、金融服务的便捷性及提高中小企业和民众对数字经济社会的认识，因此，有必要对其相关的监督机制进行更加全面的探讨。通过研究各种不同的数字经济监管框架的特点和不同之处，可以更好地促进数字化转型，推动数字产业发展。

第一，以 RCEP 为基础，完善中国数字产业治理法治建设。RCEP 的实施将极大地促进全球经济一体化，同时，RCEP 的规范和标准将对全球经济产生重要影响。RCEP 的成功实施是中国实现全球贸易自由化的重要里程碑。RCEP 的实施将加快促使《中华人民共和国电子商务法》《中华人民共和国网络安全法》《中华人民共和国数据安全法》等的完善，从而更好地保护和发展数字经济，促进全球经济一体化。通过与标准化数字贸易规则的接轨，中国可以更好地参与 CPTPP 和 DEPA 的讨论，从而建立起良好的合作关系。

第二，明晰数据管辖权与开放范围，善用例外条款。如果企业的数据处理器位于海外，就会导致无法准确界定数据管辖权，从而使得数据泄露的风险大大提升。中国应该积极采取措施，做好数据确权工作，避免损害数据所有者的权利，并严格遵守政府数据的开放范围以"可作为企业生产要素"的数据集为主的规定，以确保数据所有者的权益得到充分保障。此外，中国也应当妥善利用相关协定中的例外条款，努力实现最大程度上保护国家信息安全。

第三，推进创新性数字产业治理规则在国内落地。在目前的数字产业治理领域内，DEPA 作为全球首个聚焦于新型技术的协议，提出的针对各种新型技术和发展趋势的指导原则，将会成为未来数字产业治理体系发展的重要参考。如果中国在 DEPA 中有话语权，将会极大地改变中国在世界数字市场的角色。因此，中国政府应该积极采取措施，以促进 DEPA 的实施，参考 DEPA 中对电子支付系统、数据创新、人工智能、数字身份等条款的规定，并依照中国在这些新兴领域的技术进展，出台相关数字治理规定。

二、推动制定全球数字产业治理规则

从全球来看，"互联网领域发展不平衡、规则不健全、秩序不合理等问题日益凸显。不同国家和地区信息鸿沟不断拉大，现有网络空间治理规则难以反映大多数国家意愿和利益"[①]。针对当前全球数字经济领域规则不健全的现状，习近平总书记指出："我们可以共同探讨制定反映各方意愿、尊重各方利益的数字治理国际规则，积极营造开放、公平、公正、非歧视的数字发展环境。"[②]

第一，推进制度顶层设计，加快构建跨境数据流动治理体系。政府应组织开展全方位的数据安全工作，建立健全有效的数据安全检测、安全认证、安全评估、安全报告等机制，完善相关法律法规。对涉及国家安全的敏感数据及关键基础设施实行重点保护，对行业内重要数据或大型互联网公司进行风险评估。强调企业的道德规范，打造一个健康的、由政府和企业共

---

① 《习近平关于网络强国论述摘编》，中央文献出版社 2021 年版，第 153 页。
② 习近平《团结行动 共创未来——在二十国集团领导人第十六次峰会第一阶段会议上的讲话》，《人民日报》2021 年 10 月 31 日。

同负责的数字资产交易机制。维护公民的隐私权，加快发展区块链、隐私计算技术，从政策监管和技术层面共同加强隐私信息保护力度，以便有效地防止和惩戒侵犯公民权利的行为。此外，应当积极参与跨国数据信息流转国际合作，借鉴国际经验制定有效的"白名单管理制度"，对相关国家实施个人信息保护及跨境数据流动的对等措施。

第二，加强布局试点，探索适合中国数字服务税的建设方案，运用多边框架处理数字税征管问题，沟通双边解决方案，推动"一带一路"税收征管合作机制建设。通过分析和评估其他国家在处理数字税问题上的做法，综合国家利益和长远发展的需要进行权衡，根据实际情况制定适当的政策，学习和运用其他国家的经验。

第三，依托区域性规则谈判，推动形成数字产业治理共识，密切关注全球数字经济规则制定，增进了解重要贸易伙伴国对数字经济的诉求。强化新一代跨境电商规则谈判，逐步形成符合 WTO 规则的标准体系，推动"一带一路"国家在数据跨境流动、个人隐私保护等新一代跨境电商规则制定上达成共识。同第三世界国家及其他伙伴国构建数字经济联盟，加强"一带一路"沿线数字基础设施的构建，并积极探索"新基建"所提供的更多的可能性和机会，发挥"新基建"所带来的潜力，培育国际合作新优势。

第四，通过"国际数字经济特区"和其他相关平台，尝试设立数字自由贸易区和数字经济特区，并且尝试实施海外数据流通和海外数字资产安全的相关政策。在海南自由贸易港和上海临港新片区等区域，探索设立数字自由贸易港，推动数字国际监管规则先行先试。构建上合组织跨境电商平台、跨境电商海外促进中心等，以期在试点地区尽早构筑一套有效的跨境电商政策和制度，以支持跨境电商业务的可持续发展。此外，积极筹备数字丝绸之路、网上丝绸之路和国际产业联盟等，统筹谋划数字领域国际合作，构建开放共赢的数字领域国际合作格局。

三、建立国际数字产业治理平台

中国不仅要积极参与数字经济的国际合作，还要在全球数字公共产品供给方面发挥引领作用，积极建立国际数字产业治理平台。2018年4月，习近平总书记在全国网络安全和信息化工作会议上指出，要以"一带一路"建设等为契机，加强同沿线国家特别是发展中国家在网络基础设施建设、数字经济、网络安全等方面的合作，建设21世纪数字丝绸之路。[①] 数字经济的国际合作既是本国数字经济发展的必然要求和自然延伸，也是引领数字产业治理规则制定的前提。中国应当主动参与和引领国际组织数字经济议题谈判，开展双/多边数字治理合作，维护和完善多边数字产业治理机制，及时提出中国方案，发出中国声音。

一方面，中国要大力发挥其在全球数字治理领域的重要影响力，推动"数字丝绸之路"建设，与伙伴国形成更加紧密的数字经济联盟，以此来促进全球的数字经济交流，实现全球数字经济的可持续发展。中国也应与非洲国家合作推动数字化转

---

① 《敏锐抓住信息化发展历史机遇　自主创新推进网络强国建设》，《人民日报》2018年4月22日。

型，从而减少"数字鸿沟"的影响。另一方面，中国要主动参与国际数字经济议题谈判。当前，中国在国际数字经济议题谈判方面还需加大投入和加强国际协调。在降低交易壁垒、降低市场进入壁垒等关键议题上同发达国家还有较大分歧，在与源代码保护的知识产权等交叉议题上还未形成明确立场，在关税安排等议题上还存在灵活性不足等问题。中国应以更加积极的态度和更加灵活的策略参与关键议题，维护多边经贸体制在制定、实施和监督国际经济规则中的主渠道地位。

后　　记

随着本书的完成，我们站在了一个新的起点上，回顾人类历史中技术革命和产业变革的波澜壮阔。从蒸汽机的轰鸣到互联网的脉动，再到数字经济的井喷，每一次产业变革都是人类智慧的结晶，是对未来的一次大胆设想。正如马克思在《资本论》中所指出的，生产力的发展是社会进步的根本动力。今天，我们站在数字文明的门槛上，目睹产业变革的新篇章，这不仅是技术的革新，更是人类智慧的又一次绽放。

在本书中，我们试图揭开数字产业的神秘面纱，探索其在现代社会中的重要作用和未来发展趋势。我们分析了数据要素的价值化过程，探讨了数字产业化、产业数字化、数字治理服务化的构建，强调了网络平台的重要性，提出了数字产业治理的新形态和新框架。我们希望，通过这些分析，能够帮助读者理解数字产业的核心价值，把握产业发展的脉络，预测未来变革的方向。

本书由中共中央党校（国家行政学院）许正中教授领衔撰写。其中，第一章由许正中、康天姝、于蔚钧撰写，第二章由许正中、周静撰写，第三章由蒋震、于蔚钧撰写，第四章由蒋震、赵威逊撰写，第五章由许正中、戈亚慧撰写。

全书由许正中、蒋震和康天姝总撰。在此，感谢同事和研究伙伴，他们的智慧和见解丰富了本书的内容。本书相关内容受到了"中国社会科学院大学应用经济学院数字经济人才培养基地项目"的支持，还得到了许多行业专家、学者和业界同仁的宝贵意见。他们的见解和批评使本书内容更加严谨，视角更加开阔。感谢国家行政学院出版社胡敏总编、王莹主任和孔令慧编辑，他们的专业指导使本书能够以最佳的形式呈现给读者。

尽管本书试图全面覆盖数字产业的各个方面，但这个领域的发展日新月异，总有新的理论和实践不断涌现。因此，我们期待读者的反馈和建议，以便在未来的版本中不断完善和更新。虽然本书的写作已经结束，但我们对数字产业的探索才刚刚开始。数字产业的未来充满了无限可能，而我们每个人都是这场变革的参与者和见证者。让我们携手成为织梦者，共同创造一个更加智能、高效、和谐的数字世界。